JN137021

夢を叶える

思考の地図

株式会社わかさ生活 代表取締役社長
Kenichi Kakutani
角谷建耀知

クロスメディア・パブリッシング

はじめに

「ついてない」「最悪だ」

この2つが昔のわたしの口癖でした。

誰にでもつらい経験はあるものですが、わたしは子どものころに仮面ライダーの真似をして事故に遭い、それが原因で半盲になってしまいました。

それからは、どんなに頑張っても次から次へと失敗や裏切り、借金など悪いことが続き、苦しい日々の繰り返しでした。いま思えば、自ら不運な道を選んで歩いてしまっていたのかもしれません。

そんな生きる気力をなくしたわたしを助けてくれたのは、アニメーションでした。

特にハマったのが、ヒーローだけど、とても弱く、ラッキーだけで宇宙の平和を守る物語『とっても！ ラッキーマン』（テレビ東京系、1994～1995年）です。

そのアニメの放映中に発生した阪神・淡路大震災で、当時運営していた店舗が崩壊するなど、何もかも失いました。

どん底にいたわたしは、ある友人に「君は目が半分見えないから……と言うけど、まだ半分見えるじゃないか」と叱咤《しった》され、ハッとしました。

半分しか見えないんじゃない、まだ半分見える。自分よりもっと苦しんでいる人がいる。

その日から、わたしはラッキーマンのように人を応援できる人になりたいと考えて行動するようになりました。

それがきっかけとなり、その後はラッキーなことが多く起こり、たくさんの夢が叶い、たくさんの目標を達成できるようになりました。

わたしは成功者ではありませんが、人の夢をお手伝いするのが得意になりました。

わかさ生活を設立した当時、大きな夢を持っていました。

わたしと同じように目で困っている人のための商品を開発して、通信販売やサプリメント業界に新風を起こす。

全国に愛飲者を広め、10年で10万人の愛飲者と縁する。

そう目標を立てて、がむしゃらに頑張ってきました。その結果、10年後には200万人以上の方と縁することができました。


ラッキーになれるようにという想いは、わかさ生活での社内挨拶にも込めています。

わかさ生活では、「お疲れさまです」ではなく、「Ｈａｐｐｙ～♪」と挨拶します。

毎日「幸せかい」「幸せです」と、ポジティブな言葉を交わすほうが、よりラッキーになれると信じているからです。


ほかには、野球界の常識を変え、女子高校野球の球児が甲子園大会で決勝戦ができるように、環境づくりにチャレンジしました。

子どものころ、遠い未来の夢だった鉄腕アトムが、どんどん現実に近づいてきているように、マンガの世界が何十年後かに実現すると信じたわたしは、女子高生が甲子園を目指すマンガ『花鈴のマウンド』の連載を始めました。「女の子だって甲子園！」というキャッチコピーを10年間言い続けたのです。

その結果、11年後の２０２１年４月28日に女子高校野球決勝戦の甲子園開催が決定しました。

周囲からは「予言者」と言われることもありますが、10年計画をイメージして途中であきらめずにやり続けたから実現できました。やり続けることが大事なのです。

高校野球１００年の歴史に新風を起こすこと。そして、野球をしたい女の子の夢のお手伝いができたことを嬉しく思います。

この本のなかには、「イメージマップ」が出てきます。昔から「マインドマップ」とも言われ、学校で習った人もいるかもしれません。

夢を実現するためには、目標達成のイメージを持って、忘れないように図に残すことが大切です。頭のなかでいいイメージを描き、目標を明確にして、それを具体化する癖がつけば、道はシンプルになります。つまり、夢や目標を実現するためには、この本のタイトルにあるように、「思考の地図」を描くことがとても重要です。

この本では、シリーズ第一弾『やりたいことが見つかる魔法のノート』（クロスメディア・パブリッシング）に続き、わたしの夢の叶え方を書いてみました。第一弾は「ダンス編」でしたが、今回は「カレー作り」をテーマにしています。

ブルブルくんが、いつの日か仮面ライダーや鉄腕アトム、それにラッキーマンのように、誰かの〝夢の案内役〟になってくれればと願っています。

角谷建耀知

皆さまにもラッキーが訪れますように。

◉ 登場人物紹介 ◉

ブルブルくん

フィンランドから来たブルーベリーの妖精。

香坂《こうさか》 玖実《くみ》

カレー研究会のリーダー。「Grandmaカレー」で初優勝を目指す。喫茶こよみの孫娘。

錦野《にしきの》 蘭《らん》

グランメゾン錦野の若きシェフ。「マリアージュ・カレー」で２年連続優勝を目指す。

黄崎《きざき》 色葉《いろは》

カレー研究会のリサーチャー。研究熱心で何事もコツコツ積み重ねていくタイプ。

和多部《わたべ》 真吾《しんご》

女の子にモテたいお調子者。食材を通じて本物を自分の目で探すことで目つきが変わっていく。

おばあちゃん（香坂こよみ）

喫茶こよみの店主。何十年も早朝から夜までお店を切り盛りする心優しいおばあちゃん。

米川《よねかわ》さん

精米店の店主。

牛尾《うしお》さん

精肉店の店主。

若菜《わかな》さん

青果店の店主。

「夢を叶える思考の地図」目次

第4章

「心のコップ」は上向きに

第5章

本物との出逢い

カクタニ語録

Column

●ブックデザイン・DTP　齋藤稔（G-RAM.INC）
●図版作成　齋藤維吹

第1章

一流になりたければ、一流から学べ

商店街のカレー大会

ここは都会の片隅にある星桜高校。

進学校ではないし、スポーツ校でもない、普通の男女共学の高校である。

少し変わっている点は、女子の硬式野球部があることと、カレー部があること。

ただ、カレー部は、部員が2年生の3人だけなので、正式には「部」ではなく、「研究会」。その創設者がわたし、香坂玖実。あとの2人は黄崎色葉ちゃんと、和多部真吾。

色葉ちゃんは普段口数が少ないけど、研究熱心で知識が豊富な頼りになる存在。

真吾はお調子者に見えるけど、真面目なところがあって、何より行動力がある。

わたしたち3人は入部したいクラブがなかったのと、昔から仲がよく、おばあちゃんの経営する喫茶店に入り浸っていたこともあって、自らカレー研究会を作ったのだが、カレーはもっぱら作るより食べる派。

そんな3人が教室で1枚のポスターを机の上に広げてジーッと見つめている。

《8月18日　洛央商店街〝食〟フェスタ　カレー大会　開催》

「ねぇ、この大会どうする？」

「俺は食って、食って、食いまくってやるぜ！」

色葉ちゃんの質問に真吾がはしゃいでいる。ポスターを指したわたしは2人に言った。

「あのさあ、わたしたちはカレー研究会よ。食べ歩きだけなんてできないでしょ」

「そうだね……」

わたしの意見に色葉ちゃんも賛成してくれた。

「まさか、出場すんのか？」

黙っているわたしと色葉ちゃん。

「だ、誰が作るんだ？」

真吾のひと言にお互い顔を見合わせる。

「そうよね。3人とも料理はほとんどしたことないし……」

「だよな。じゃあ、やっぱ審査員みたいに品定めにまわって食べ歩くしかないな」

「ハハハ」と笑う真吾。その笑い声を遮《さえぎ》るように、思わず「バン！」と机を叩いて、「わたしが作る！」と叫んでしまった。

「えっ」と驚く2人に構わず、さらに続ける。

「わたしは洛央商店街〈喫茶こよみ〉の孫よ！」

「知ってる……」と声を揃《そろ》える2人。

「ただ見てるだけ、食べ歩くだけじゃ近所に笑われる。そう、末代までの恥だわ！」

「でも去年のパスタ大会、玖実のところの喫茶店も出店してたけど10位にも入れなかったじゃん」

「ばっちゃんの名にかけても勝ってやるわよ！」

大笑いする真吾にカチンときてしまったわたしは、思わず叫んでしまっていた。2人はポカーンとわたしの顔を見上げていた。

初めてのカレー作り

次の日、わたしの熱意と気迫に圧倒された2人と一緒に、さっそく大会に向けて実際にカレーを作ってみることにした。

「ええっと、牛肉、にんじん、じゃがいも、玉ねぎ、それとルー。準備はこれでいいよね」

それぞれの具材を大きめに切る。おばあちゃんのカレーは肉じゃがのような大きめの具材が特徴だ。

「さぁ、作るよ！」

作り方はルーのパッケージを見ればだいたいわかった。まず、お鍋で牛肉と玉ねぎをザーッと炒める。そして、牛肉に完全に火が通ったころ、にんじん、じゃがいもを入れてさらに炒めていく。

「こんなものかな」

いい匂いがし始めたタイミングで、お鍋に水を入れる。分量が書いてあったけど、たくさん作るから多めでいいだろう。水が沸騰し始めたら、ルーを投入だ。しばらく待っていると、徐々にカレーの匂いが漂ってくる。

「んー、まぁこんなもんか。結構簡単じゃない」

お皿にご飯を半分、ルーを半分の割合で入れる。

「おー、いい匂いしてるじゃん」

真吾が待ちきれないといったふうにスプーンを握り締めて言う。

「じゃあさっそく、いただきまーす!」

３人が一斉にカレーを口に運んだ。

「何だこりゃ……」

「じゃがいも、かた……」

「うわっ、味うす……」

わたしたちが想像していた、いつも食べているカレーとはまったく違う味だった。

作る途中で変なことはしていないのに……。３人は、がっかりしてスプーンを置いた。

全然おいしくできなかった。どうしてだろう。

「はーあ、やっぱり俺たちには無理なんだって！　大人しく食べて回るだけにしようぜ、玖実」

ヘラヘラしながら言う真吾。

「なに言ってんのよ！　そんなのダメ！」

「そもそも俺たちが大会に出ようってのが無茶なんだよ」

「そんなの決めつけないでよ！」

言い合いになるわたしと真吾を交互に見ながら、色葉ちゃんが不安そうにしている。

「俺らができないことをやっても結果は見えてるだろ！　料理部みたいにもっとしっかり活動してたらよかったのかもな！」

「なによ！　そんなに言うなら料理部に行けば」

わたしは真吾の言葉についカッとなって、言ってしまった。

「あっそ、わかったよ！　じゃあな！」

ふて腐れた様子で真吾が出ていく。

「真吾くん……」

色葉ちゃんが真吾の出ていった教室の扉を見つめながら、ぽつりとつぶやいた。

ライバル出現⁉

わたしは教室を出て、「少し言いすぎてしまったかもしれない。いや、でも……」

なんて考えながら昇降口に向かって歩いていた。下駄箱まで来ると、誰かが立っている姿が見えた。

「げ！　蘭ちゃんだ」

そこにいたのは、錦野蘭ちゃん。この学校の料理部エースで、高級フランス料理店〈グランメゾン錦野〉の一人娘。巷では〝女子高生シェフ〟ともてはやされ、校内でもひと際目立つ子だ。去年の洛央商店街〝食〟フェスタ・パスタ大会の優勝者でもある。最悪なタイミングで蘭ちゃんと会ってしまった。

「まずい。非常にまずい……」

彼女は顔を合わせるたびに、わたしたち研究会というよりは、わたしに突っかかってくる。いままでに起こった数々の出来事を思い出してしまい、思わず顔をしかめる。

「いまここで絡まれるわけには……」と、すかさずUターンしようとしたのだが、時すでに遅し。いい獲物を見つけたと言わんばかりの笑顔で近づいてくる蘭ちゃん。もう気味が悪いほどニッコニコである。

「あら、誰かと思えば、カレー研究会の香坂さんじゃない。聞いたわよ、あなたたちも〝食〟フェスタに出場するんですってね」

「あなたたち、〝も〟ってことは……」

「ええ。今年のカレー大会、わたくしの父のお店グランメゾン錦野も参加しますわ。去年同様、わたくしのお店が優勝で間違いないでしょうね」

笑みを浮かべた蘭ちゃんが口を開く。

「なっ！　そ、そんなの、やってみないとわかんないじゃん！」

いつものように蘭ちゃんの言葉に反抗してしまう。

「実力もないのに、やる気だけは旺盛。あなたみたいな人が、わたくしのお料理に勝つなんてできっこないわ」

蘭ちゃんは少し上から見下ろすような感じでそう言った。

「う……ッ」

何も言い返せないわたしに、蘭ちゃんは「まあ、せいぜい頑張るといいわ」と、不敵に笑いながら校舎を出ていく。

くすくすと笑う蘭ちゃんの声が、わたしの頭にずっと残っていた。家に帰る途中、わたしの心はずっとモヤモヤしていた。

ブルブルくん登場！

カレーがうまく作れなかった。真吾は怒って出て行ってしまった。蘭ちゃんには負けたくない。でも、いまのままじゃとうてい敵わない。

研究会の創設者としても、おばあちゃんの孫としても情けない。しょんぼりとしながら家に辿り着いた。

「ただいまー」

「おかえりー、玖実。ご飯は？」

リビングからお母さんが声をかけてきた。

「食べてきたから、いらない」

「え、そうなの？　連絡ぐらいしてよー」

「あ、ごめんね。これ、お土産」

わたしたちが作ったカレーを渡した。

「なに？　おばあちゃんとこのカレー？」

「うん……まぁ、そう」

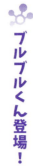

「あら、じゃあ、これいただいちゃっていいかしら。ありがとー」

「はぁい」と生返事をして、わたしは2階にある自分の部屋に向かい、部屋に入るとすぐ、勢いよくベッドに飛び込んだ。1階から「なにこれ！　おばあちゃんが失敗したやつ押し付けた!?」というお母さんの声が聞こえた。

わたしは「はぁ～」とため息をつく。

「なにが違ったのかなぁ。いつも食べてるのと……」

いままでおばあちゃんにも、お母さんにも、料理をちゃんと習っていなかったのが悔やまれる。食べることは大好きなのに。しかし、くよくよしていても仕方がない。

自分で言うのもなんだが、わたしはどちらかというと能天気で、頭より先に体を動かすタイプだ。よく言えばポジティブなのである。

「まあ、初めてだし、こんなもんか。そうよ、自分には料理スキルが足りないだけ」

わたしは自分にそう言い聞かせた。

「今日は実力がわかった日やったってわけや」

「そう、実力がはっきりとわかっ……ん？」

いま、なにか、わたしの心の声が聞こえたような……。

「『ま、気のせいか……そんなホラーみたいなことないって』って思ったらあかんで？」

「だ、誰？」

気のせいじゃない。確かに誰かいる。バッとベッドから飛び降り、まわりを見回す。特に変わったところはない。いつもの自分の部屋だ。

ババッとベッドの下を確認する。なにもない。

バババッとクローゼットの中を確認する。なにもない。

「いったいなにが、どこに……。出てきなさい！」

「そんな、悪役探すみたいに言わんといてぇや。ボクは悪いヤツやないで」

声がしたほうを振り返ると、机の上にはノートや教科書などの勉強道具。おばあちゃんと撮った写真と、喫茶店に昔、飾っていた小さなぬいぐるみ。そして、スマホが置いてある。

もしや、スマホが誰かに乗っ取られたのだろうか。急いでスマホを手に取ると、たくさんのメッセージの通知が溜まっていた。なんとなく目で追ってしまう。ぬいぐるみもひよこっとスマホを覗いてくる。

「おー、玖実、人気モンやな。めっちゃメッセージ来てるやん」

「うーん、便利だけど面倒なんだよね～……ってうわっ!?」

驚いたわたしは思わず、「パシーン!」と一緒にスマホを覗き込んでいるぬいぐるみを手で払ってしまった!

「ぎゃーー」

ビューン! ポテン! コロンコロン……。

ぬいぐるみが宙を舞い、壁に当たって床に転がった。心臓がドキドキしている。いま、あのぬいぐるみがしゃべっていた……。

「うわぁー、びっくりしたな。すごいスピード感やった! ジェットコースターってこんな感じなんかな、乗ったことないけど」

「おもろいなぁ」と言いながら、ぬいぐるみがピョコっと立ち上がった。やっぱり、あのぬいぐるみがしゃべっている。しかも、動いている。

「なにあんた。なんでしゃべってるの! 怖いからこっち来ないで」

「そんな怖がらんといてぇな。驚かしてごめん、ごめん。いやー、玖実が悩んでるから、ついついお手伝いしてあげたくなってな。満を持しての登場や」

「満を持してって……。わたし、あんたのこと知らないんだけど……」

「ボクのこと知らんの。ずっと一緒におったやんか！　切な！　めっちゃ切な！」

「いや、あんた、ぬいぐるみでしょ。飾ってはいたけど、知らないし！　急に動いたり、しゃべられたりしたらビビるって！」

「はぁー、切なすぎて目がかすんでくるわ……。ブルーベリー食べよ」

「いや、ちゃんと説明してよ！」

「うーん、さすが元気満タンやな！　それでこそ玖実や！」

「あんた、わたしのなにを知ってるのよ……。てか、あんたなんなの？」

ドッと疲れてしまい、言葉に力がなくなってきてしまった。

「ほな、自己紹介からやな」

そんなわたしを見上げながら、ぬいぐるみがビシッとポーズを決める。

「ボクの名前はブルブルくん。フィンランドからやって来ました。フィンランドへ行ったら、北の端っこラップランドへ行ってください。そこの森の中にたくさんある、可愛い可愛いブルーベリー。その可愛いブルーベリーの妖精、それがボクや。覚えといてや！」

「好き」は人を動かすチカラ

「ブルーベリーの妖精……？」

「そうや。フィンランドへ行ったら、北の端っこラップランドへ行ってくだ……」

「いや、その辺はいいから！」

まじまじと、ブルブルくんとやらを観察する。野球ボールくらいの大きさ、紫色の丸いからだ。ぴょこんと生えた緑色の手足。そして、ドーンと大きな目がふたつ付いている。一度見たら、なかなか忘れられないインパクトのある姿だ。

「えぇぇ!?　しゃべってる、動いてる……」

改めて考えても、とても現実とは思えない。

「そりゃ、しゃべるし動くよ。ボクは本物のブルブルくんやからな！」

ニセモノがいるんだろうか？

「いや、もう、まぁ、いいや。特に害はなさそうだし……」

わたしは、このブルブルくんという存在に疑問を持つことをあきらめた。たぶん、なにを言っても、こんな感じのやりとりが続くことになるのだろうと感じたからだ。

「おっ、玖実、普段なら〝あきらめたら、そこで試合終了や！〟って言うところやけど、ボクに関してだけはその判断、正解や！」

なんか、心読まれてるし……。

「もういいや。で、ブルブルくん、だっけ？　あんたはなんで急に動き出したの？」

「ボク？　ボクは玖実のお手伝いに来たんや」

「お手伝い……って、なんの？」

「なんのって玖実、いまめっちゃ悩んでたやん。カレー作りがうまくいかなかった。大会で〝本物のカレー〟を出したいって」

「ちょ！　なんでそんなことまでわかるの」

「わかってまうねんなー。ボククらいになると」

なかなか厄介な存在だ。

「ボクはな、大きな夢とか、人のためになにかしたいとか、あったかいエネルギーがグルグルしてるところに吸い寄せられるんや。そのとき、ざ～っくり話がわかんねん」

「なに、その都合のいい能力……」

とはいえ、いまは悩みをわかってくれる存在はありがたい。

「じゃあ、わたしがやりたいこと、叶えたい夢にブルブルくんが吸い寄せられたってこと？」

「せやな！」

「ってことはもしかしてあんた、願いを叶えてくれるの」

「いや、そんなことはあらへん。ボクはただのブルーベリーの妖精やからな。願いが叶うかどうかは本人次第や」

「な～んだ、使えないの」

「使えへんとはなんやー！」

なんだか、すごく話しやすい。わたしは、なんとなくブルブルくんに話をしてみたくなった。

「ねぇ、ブルブルくん。わたし、いますっごい夢があって、やる気満々なんだけど、ちょっと話を聞いてくんない？」

「お、ええで！　ボクはそういう話が大好物なんや！」

わたしは研究会のカレーに対する情熱や、今回の大会に関する話、自分が考えていることなどを、ぜーんぶブルブルくんに打ち明けた。

「なるほどな。嫌っちゅ～くらい、玖実のカレーへの愛が伝わってきたわ」

ブルブルくんが「ふぅ～」と息をはく。

「だって、本当に好きなんだもん」

わたしとしては、まだまだ伝え足りないくらいだ。ブルブルくんがニコっと笑って言う。

「**【好きになることは情熱を持って取り組むための原動力】**やから、大きければ大きいほどええ。好きがたくさん集まれば、それは人の心を動かすチカラになるからな」

「なんかそれ、わかる。わたし、おばあちゃんのカレーが好きすぎて研究会まで作っちゃったし」

やることはシンプルに、できることから始める

「ほなまず、なにからすればええやろなー？　な、玖実？」

「うーん、それがわかれば、苦労しないよ」

「んなことないがな！」

ブルブルくんが急に大声を上げる！

「人間ってのはな、やらない理由を探すのがホンマうまいんよ。よくわからないとか、難しいからとか言うてな。でもな、そんな複雑に考えんでええねん。プロ野球選手かて、まず、ボールとグローブを持って練習することからスタートや。日本地図を作った伊能忠敬かて、最初は鉛筆と紙を持って歩き始めただけや。ようは目標さえ決まったら、あとはやることはシンプルに。で、目の前の、できることから始めたらええんや」

「シンプルに、できることから始める……。研究会カレー第一弾は失敗したから、次は改良かな」

「おお、ええやん！　どないするんや？」

「うーん、じゃがいもも、にんじんも、芯が残ってて固かったし……。とりあえず、スマホで調べてみよ」

「玖実、ひとつヒントやるわ」

スマホの画面からブルブルくんのほうに視線を移すと、ブルブルくんは指を一本ピッと立てて言った。

「**【一流の視点】**を学ぶんや」

「一流って？」

「一流を目指す人は、普通の人が見てへん、はるか高いところを見てるんや。目指すところが異なれば、叶うものも全然違ってくる。目標は高ければ高いほどええねん。たとえ、どんなに苦労があっても、強い気持ちがそれを超えさせてくれる。せやから一流になりたければ、一流から学ぶんや」

そりゃ、できるならいいものを作りたいと思うけど……。そう言われると急にハードルが高く感じる。躊躇するわたしの心を読んだのか、ブルブルくんが続ける。

「なんや玖実、じゃあ二流、三流のカレーでみんなが喜んでくれると思っとるんか？」

「うっ……、それは……」

「せやろ？　だったら、目指すのは一流や。少なくとも、一流から学ぶって姿勢やないと難しいで」

一流から学ぶと言われても、どうすればいいのか、すぐには思いつかなかった。でも、スマホであれこれ調べるだけでは、ブルブルくんが言うところの一流には近づかないような気はした。

「うーん、一流のお店とか、高級レストランとか調べて、バイトにでも行けばいいのかな」

ぶつぶつと一流について考えているわたしを見て、ブルブルくんはきょとんとしていた。

「なにを言っとるんや。玖実の近くに、一流のカレーを作る人がおるやんか」

はっとした。

「おばあちゃん……？」

身近な存在すぎて、すぐには思いつかなかった。

「せや。商店街でも有名で、玖実や商店街のおっちゃんたちを虜《とりこ》にし続けている一流のカレー職人やん。30年近くやってんねやろ？　30年も潰れずにやってるって、もうめっちゃすごいことやで」

確かに、改めて考えるとすごいことだった。

「でも、わたし、おばあちゃんにそんなお願いしたことないし、わたしの作ったものならなんでも褒めてくれそうだし、優しすぎて、なんだかちゃんと教わるのは難しいかも……」

素直な気持ちをブルブルくんにぶつける。

「まーそりゃ、おばあちゃんにとっては、可愛い可愛い孫が頑張ったもんなら、なんでもおいしいやろしな。そこはしゃーないわ。そういうときはやり方を変えるんや」

「やり方を変える？」

なんだかワクワクしてきた。ブルブルくんと話していると、新しい考え方を知ることができたり、どんどん挑戦する気が湧いてくるから不思議だ。

「そう、まったく新しいやり方や。それは……」

ブルブルくんが、次になにを言うのか。わたしは、ゴクリと唾を飲み込み、その言葉を待った。

「早寝早起きや！」

ガクッと力が抜ける。

「えっ……どういうこと？　いやいや、早寝早起きしてもカレー作りはうまくならないでしょ」

ブルブルくんに詰め寄る。あれ、もしかしてわたし、からかわれてる？

「はっはっはっは、待て待て玖実。ちゃんと理由があるんや」

ブルブルくんは笑いながら手を振って言った。

「明日は4時に起きるで」

「4時……って、朝の4時!? それ、ほとんど夜じゃん!」

「せや。で、4時半には出発や」

「ええっ!? そんな早い時間にどこ行くの?」

話についていけない。4時なんかに起きたことないし、そんな早朝にどこに行くというのだ。

「どこって玖実、決まっとるやないか」

ブルブルくんがニヤリと笑って言った。

「喫茶こよみやがな」

朝5時の喫茶こよみ

《ブルブルブルブルブル!! ブルブルブルブルブル!!》
「うわぁ!?」
なになになに? 突然の音に強制的に起こされたわたしは、布団と一緒にバッと起き上がる。
《ブルブルブルブル!!　ブルブルブルブルブル!!》
ブルブルくん!?　急いでまわりを見回しても、あの紫色のぬいぐるみはどこにもいなかった。バタバタと音の発生源を探すと、わたしのスマホだった。いつの間に目覚まし時計のメロディを変えられたのだろう……。というか、この声はいつ録ったの？
スマホには付箋が貼り付けられていて、メモが残されていた。

《玖実が寝ぼすけさんやから、先に行きます　byブルブルくん》

寝ぼけた頭では考えがまとまらない。アラームを止めて時計を見ると《04：30》と表示されていた。

「やっば！　なんでブルブルくん先に行くの!?」

急いでベッドから飛び降りて着替えをする。カバンは寝る前に用意してあったので、準備はすぐに終わった。

昨晩、ブルブルくんに「喫茶こよみになにしに行くの？」と聞いたにもかかわらず、「ナイショや、ナイショ〜。明日のお楽しみや」と、じらされてしまったので、なにをしに行くのか、なにがあるのかもわかっていないが、とりあえず行かなければ……。

お父さんとお母さんを起こさないように、そーっと家を出て、自転車で商店街に向かう。いつもは学生やサラリーマン、主婦が行き来している住宅街から商店街への道は、誰もいなくて、なんだか世界に自分ひとりみたいでワクワクした。

そんな気持ちで自転車を漕ぎ、商店街に入って少し走ると、おばあちゃんの喫茶店が見えてくる。

「あれ？　もう電気ついてるじゃん」

ブルブルくんだろうか。ぬいぐるみ一人で電気をつけるなんて贅沢《ぜいたく》なやつである。

そのまま喫茶店の前に自転車を停めようとしたとき、反対側の曲がり角からブルブルくんの声がした。

「玖実ー！　こっちや、こっち！」

「ちょっとブルブルくん、なんで起こしてくれないの！　ひどーい！」

そう言いながら、ブルブルくんのところに行って自転車を停めた。

「はっはっは、玖実の本気を試したくてな。それに4時に起きひんかったし」

「うっ、だって4時起きなんて初めてで……ってか、なにあのアラーム音！　いつの間にあんなことしたの!?」

「玖実がちゃーんと起きられるようにと思ってな。心憎い気配りやろ？」

しばらく頭から《ブルブルブルブル!!》という音が離れそうにない。

「それより、電気つけっぱなしで出てきたの？　ダメでしょ」

「ちゃうねん。あれ、ボクやないで。ボクまだ喫茶店入ってへんもん」

「え、ウソ？　じゃあ、誰？　もしかして、泥棒!?」

おばあちゃんの喫茶店に盗みに入るなんて絶対に許せない！　警察に突き出してやる！　わたしは喫茶店に向かって一気に駆け出した。

「ちゃうちゃうちゃうちゃう!!　ストップ！　ストップや玖実！」

「じゃあ誰よ！　なにかあったら承知しないわよ！」

「大丈夫！　大丈夫やから！　ホンマ猪突猛進やな。まあ、ええわ。窓からこっそりキッチンのほう覗いてみ！」

何をのんきなことを……と思いながらも、窓の下からスッとキッチンを覗いてみた。

「あれ、おばあちゃん？　こんなに早くなにしてるの？」

なんと、お店の中にいたのはおばあちゃん。頭の中が疑問でいっぱいになった。喫茶店が開くのは7時、あと2時間もある。なのに、なにをしているのだろう。

「よう見てみ？　シンクの上、なに置いてる？」

「シンクの上？　あれは……玉ねぎ！」

おばあちゃんは、山盛りの玉ねぎを大きなボウルに刻んでいた。

「あんなにたくさん。なんに使うんだろう……」

「ま、本人に聞いてみたら、ええんちゃう？」

ブルブルくんはそう言うと、喫茶店のドアを開けた。《カランコロン》と喫茶店のドアベルが鳴る。

「えっ！　そんな急に!?」

「最初っから普通に入るつもりやったわ！　玖実が勝手に泥棒って暴走しそうやったから止めただけや。ほな、あとはおばあちゃんと2人水入らずで～」

「えっ!?　ちょっと!!」

焦っている間にブルブルくんはぬいぐるみに戻っていた。

30年間続けてきたおばあちゃんの秘密

ドアベルの音に気づき、こちらを向いたおばあちゃんがわたしを見て、少し驚いた顔をした。

「……おはよう、おばあちゃん」

わたしは声をかけた。

「おや、玖実ちゃん、どうしたんだい、こんな早くに？」

どうしたもこうしたも、まさかこんな時間にここでおばあちゃんに会うことになると思っていなかったわたしは、頭が真っ白だった。

「お、おばあちゃんこそ、なにしてるの？」

「あたしかい？　あたしは今日のカレーの下ごしらえだよ」

とりあえず、なにか言わないといけないと思ったわたしのテンパった頭は、おばあちゃんの言葉でリセットされた。

「下ごしらえ？　こんなに早くから……？」

「そうだよ」

おばあちゃんは、大きなお鍋で玉ねぎを炒めている。すると、おばあちゃんが手を滑らせて、持っていた木べらを床に落としてしまった。

「あ痛たたた」

「おばあちゃん！　大丈夫!?」

わたしは、おばあちゃんに駆け寄った。

「こんな時間から、無理しないで！」

「ありがとう、玖実ちゃん。でも無理なんかしてないよ。毎日やってることさ。でも、最近は腱鞘炎で手首が少し痛くてね……」

「毎日!?　とにかく今日はわたしが手伝うから、教えて」

わたしはサッとお鍋を支える。

「!!」

想像以上の重さに驚き、思わず両手でしっかりと取っ手を握りなおす。

「玖実ちゃん、大丈夫だよ」

しかし、わたしは「ううん、いいの」と言って、ゆっくり鍋をコンロに置きなおした。

なぜだかこのお鍋と玉ねぎに、とても大切なことが詰まっていると感じたのだ。わたしは、おばあちゃんの目を見つめて言った。

「おばあちゃん、お願いがあるの。わたし、カレー大会に出たい」

「カレー大会って、夏にある商店街のかい？」

「うん、そう。それでね、この間、カレーを作ってみたけど、ぜんぜんうまく作れなくて、どうしたらいいかわからないの」

おばあちゃんは黙って聞いている。わたしはもう一度、おばあちゃんの目をしっかりと見て続けた。

「わたしね、おばあちゃんみたいに、みんながおいしいって喜んでくれるカレーを作れるようになりたい！　だから、おばあちゃんの作り方を知りたいの。お願い、手伝わせて」

「そうかい。じゃ、お願いしようかね」

おばあちゃんは少しの間、無言で考えている様子だったが、やがて、ふっと微笑んで言ってくれた。お鍋いっぱいの玉ねぎを黙々と炒めていく。

「もっと優しくね。あ、ちょっと火力が強いね」

おばあちゃんがときどきアドバイスをくれる。いつもの優しいおばあちゃんだ。だけど、いまは不思議な緊張感があった。ちゃんと見てくれている。ちゃんと教えてもらっている。そう感じられた。

気がつくと、1時間が経っていた。腕がプルプルしていた。

「おばあちゃん、これでいい……?」

おばあちゃんはこれをずっとやってきたのかと思うと、心の底から尊敬の気持ちが湧いてきた。

おばあちゃんはジーッとお鍋の中の玉ねぎを見たあと、「……そうね。いいアメ色だね」と微笑み、「玖実ちゃんは、料理上手だよ」と褒めてくれた。それまでの疲れが吹っ飛ぶような嬉しさが込み上げてきた。

「あ、ありがとう! でも、まだこれ、下ごしらえなんだよね……」

これから、どんなことをするんだろうと思っていると、おばあちゃんが静かに言った。

「これが、おばあちゃんが30年続けてきたことだよ」

「え!? どういうこと?」

おばあちゃんはゆっくりと話し続けた。

「1時間ゆっくりと炒めた〝アメ色玉ねぎ〟の旨味が、あたしのカレーの秘密だよ。これができたら、あとはお肉、じゃがいも、にんじんと、もう1回別の玉ねぎを少し大きめに切って、煮込むのよ。とろ火で、グツグツとね」

これが、わたしにとって世界一の、おばあちゃんのカレーの秘密。一流のやり方。いつも気軽に食べていたけど、こんなに手が込んでいたのだ。知らなかった。

「具材のお肉やじゃがいも、にんじん、それにお米も、このカレーに一番合うものを選んでいるんだよ。ほら、いつもこのお店に来る3人衆がいるだろ」

あぁ……。青果店の若菜さんと精肉店の牛尾さん、精米店の米川さんのことか。地元でも評判のお店ばかりだ。

ゴーン、ゴーンと壁にかけている時計が鳴った。気がつけば、7時になろうとしていた。着いたときは暗かった空がもう明るくなっていて、窓からは朝日が差し込んでいる。

そこから、お肉、じゃがいも、にんじん、玉ねぎを改めて炒め、さっき作ったアメ色玉ねぎを入れ、お水とルーを入れ、さらに1時間近くとろ火で煮込んだ。

「うん、完成だね。玖実ちゃん、よく頑張ったね」

大好きな、おばあちゃんのカレーの匂いがする。

世界で一番好きなカレーの味

わたしはふらふらとキッチンを出てカウンター側に回り、ドスンと勢いよく椅子に座った。

「疲れたぁ〜〜〜!!」

お腹の底から声が出たと同時に「ぐぅぅ〜〜〜〜〜〜〜〜〜」と、大きな音でお腹が鳴った。かれこれ2時間くらい立ちっぱなしで、なにも食べずに作っていたのだ。それはお腹も空くはずだ。おばあちゃんがスッとお茶を出してくれた。

「玖実ちゃん、自分で作ったカレー、朝ご飯として食べてから学校に行きなさい」

おばあちゃんはそう言って、お皿に盛った白いご飯に、さっきまでわたしが作っていたカレーを回しかける。そして、スプーンを添えてわたしの前に出してくれた。カレーは朝日を浴びて、いつも以上に輝いているように見えた。

「うん。ありがとう」

わたしはスプーンを手に取る。昨日の記憶が蘇った。

意気揚々と作ったカレー研究会のカレー第一弾。自信はあったのに、ひどい結果だった。いつもあんなに好きだ、好きだと言っていたのに、実はなにもわかっていなかったのだ。

でも、今日はおばあちゃんに秘密を教えてもらって、時間も手間もかけて作った。そのカレーだから、うまくできているはずだ。いや、うまくできていてほしい。おいしくなかったら、どうしよう……。

ただ、カレーを食べるだけなのに、すごくドキドキしてきた。いつもなら考えないようなことが、グルグルと頭の中を回り始め、なかなかスプーンを動かすことができない。なんだか、泣いてしまいそうだ。そんなとき、おばあちゃんが、優しく声をかけてくれた。

「さあ、玖実ちゃん。どうぞ、召し上がれ」

顔を見なくても、おばあちゃんがやわらかい笑顔を浮かべていることがわかる。わたしは意を決して、カレーをすくい、ゆっくりと口に運んだ。ゆっくり口を動かし、味わいながら食べる。おばあちゃんはなにも言わずにわたしを見ている。

「……おいしい！」

わたしが世界で一番好きな、おばあちゃんのカレーの味だった。なぜか、涙がこぼれてしまう。わたしは、ポロポロと涙を流しながら次々と口に入れていった。

よかった。本当によかった。感情があふれ出て、なかなか涙を止めることができなかった。そんなわたしを、おばあちゃんはなにも言わずに微笑みながら見守ってくれている。

「おばあちゃん、ありがとう！」

食べ終えたわたしは、涙をぬぐい、おばあちゃんにお礼を言った。

「おばあちゃんのおかげで、とってもおいしいカレーを作ることができたよ！」

「ううん、玖実ちゃんが頑張ったからだよ」

そして、おばあちゃんもひと口、わたしが作ったカレーを食べてくれた。

「ホントに、本当に、おいしいね。おいしいよ、玖実ちゃん。ありがとう」

おばあちゃんが、わたしのほうを向いて、目を見てゆっくりと言った。

「でもね、玖実ちゃん。これはね、あたしが作ってきたカレーだよ。玖実ちゃんは大会に出るんだよね。だから、ここからは、自分の頭で考えて、おばあちゃんを超える玖実ちゃんのカレーを作るのよ」

優しい、だけど力強い、わたしへの期待を込めたおばあちゃんの言葉だった。

「わたしのオリジナルカレー……。うん、やってみる！」

わたしは、体の奥底からやる気がみなぎってくるのを感じた。キッチンには、朝日が強く差し込んでいた。

ブルブルくんの教え

- 好きになることは、
情熱を持って取り組むための原動力

- 人間はやらない理由を探すのが
うまい生き物

- やることはシンプルに、
できることから始める

- 一流になりたければ、
一流の視点を学ぶ

カクタニ語録①

夢は言葉にすることで実現する

夢とは、人が心の中で描く理想や希望です。
それは小さなことから大きなことまで、人それぞれ異なります。夢を持つことは素晴らしいことであり、その夢を実現するためには、まず周囲の人に伝えることが大切です。

夢を言葉にすることで、まわりの人に自分の想いを伝えることができます。
そして、その想いが伝われば、協力してくれる人が現れるかもしれません。

たとえば、自分がリーダーになりたいと思っているなら、その夢を友人や上司に話すことで、サポートしてくれることもあるでしょう。また、幸せな結婚をしたいと思っているなら、その夢を家族や親しい友人に伝えることで、結婚に向けてのアドバイスや応援をしてくれるかもしれません。

わたしは以前、お客さまから健康に関する悩みについて多くの声を聞きま

した。その中で、「お薬をお茶碗半分ほど飲まないといけない」という方がいらっしゃいました。その悩みを解決するために、わたしはさまざまな方法を模索しました。そして、自分の想いを企業やメーカーに伝えると、協力してくれる人が現れ、問題解決に向けて動き出すことができました。

夢を言葉にすることは、自分自身を励ますことにもなります。もし、あきらめそうになったときでも、「あのとき言っていたやりたいことってどうなった？」という声があれば、再び前向きになれるかもしれません。

また、夢を言葉にすることで、自分自身の想いを再確認することもできます。夢を言葉にすることは、新たな可能性を見出すことにつながるのです。

まずは自分が成し遂げたいことを素直に口に出してみてください。あなたの人生は、大きな一歩を踏み出すことができるはずです。

第2章

イメージマップは道標《みちしるべ》

学校の創立記念イベント

「あ、玖実ちゃん、おはよう」

「おはよう。色葉ちゃん」

昨日、おばあちゃんのお店で教えてもらったことを色葉ちゃんに話しながら、学校まで歩いていく。校門に近づくと、ワイワイ、ガヤガヤと生徒が集まっていた。

「今日は創立記念日だからにぎやかだね」

「ウチの創立記念日、生徒がイベントしたりして結構盛り上がるからね」

「そうだね！　確か去年もやってたよね」

なんて話をしていると、聞き覚えのある声がしてきた。

「どーもー！　みんな、今日のお昼楽しみにしててねぇー！」

真吾だった。手にたくさんのチラシを持って、校舎に向かう生徒に配っていた。よく見ると、女の子ばかりに配っている。わかりやすいヤツである。

わたしと色葉ちゃんは真吾以外の人からチラシをもらい、チラシを見てみると、ドーンと《錦野蘭、待望のカレーデビュー！》と書かれていた。

演歌歌手だろうか。それより真吾のヤツ、本当に蘭ちゃんを手伝うなんて、わたしたちに対する裏切りじゃない！

「それにしても学校でお店を出していいの？　許可は取ったのかなぁ」

チラシを配るほかの生徒を指さしながら色葉ちゃんが言う。

「パンとかオムライス、焼きそばなんかもお昼とか放課後に広場でお店を出すから、問題ないみたいだね」

「そうなんだ……。でも『待望のカレーデビュー！』なんて、蘭ちゃんってやることが派手よね」

蘭ちゃんのチラシに目を戻し、色葉ちゃんがポツリとつぶやく。

「《あなたとわたしのエンゲージメント！　〝マリアージュ〟》だって」

「なにそれ？」

エンゲージメント？　マリアージュ？　さっぱり意味がわからない。

「確か、マリアージュはフランス語で、〝結婚〟って意味だったかな……」

「色葉ちゃん、詳しいね！　なんだか意味深」

「あっ……昔、ちょっと調べたことがあって」

色葉ちゃんが顔を赤くしている。

「でも結婚とカレーって、意味がよくわかんないつながりだね。どういうことなんだろう……」

「まぁ、確かに気になる。よし！　わたしたちもお昼に食べに行こう！　ライバルの味を知るチャンスだしね！」

わたしはチラシをカバンに詰め込み、色葉ちゃんと一緒に校舎に入っていった。

世界でひとつだけの〝マリアージュ〟

昼休み。授業が終わり、まっすぐ広場に向かうと、すでに生徒であふれ返っていた。よく見ると生徒たちだけでなく、商店街のお店も出店している。生徒たちがメインのブースでは、火を使うこともあるからか、先生たちも手伝っている。

オムライス屋、パン屋、焼きそば屋なども出ていて、お祭りのように盛り上がっている。その中でも、ひと際長い行列ができているのが、蘭ちゃんのブースだ。

2つの大きな寸胴鍋の前で、蘭ちゃんと料理部の部員がカレーを作っている。その前に、多くの生徒がいた。

「うわ～、すごい行列。さすが、女子高生シェフは人気だね」

「うん。でも、真吾くん、朝、女の子ばっかりにチラシ配ってたのに、並んでるの男の子のほうが多いね……」

色葉ちゃんがボソッとつぶやく。確かに、行列のほとんどが男子に見える。

「はーい、少しずつ間隔をあけて並んでくださ～い！　グランメゾン錦野の若き天才シェフが作る〝マリアージュ〟は、この列だよ～！　つ～か、なんで男がこんなに多いんだよ！」

列の後ろに並ぼうとすると、げっそりとした顔で行列を整理する真吾がいた。確かに男子ばかりの行列がズラッと続いている。でもよくよく見ると、男子たちに隠れて見えなかったが、隣の列には女子が数人並んでいる。

「あ、そういうことね。でも、これだとほかの女子も気づかないかも。みなさーん！　女子の列はこっちですよー！　いまならすぐに食べられますよー！」

わたしは、遠くで様子をうかがっていた女子グループに声をかける。すると、あっという間に女子たちも列に並び始めた。

やはり、見つけづらかったのと、最初に並ぶ勇気がなかったのだろう。わたしはそのあたりはまったく気にしないタイプなのだ。女子の列が延び、喜ぶ真吾と一瞬目が合った。しかし、なんとなく気まずく思い、すぐに目線をそらしてしまった。

そのとき、別の視線を感じて、列の前のほうを見ると、こっちをジーッと見つめている蘭ちゃんと目が合った。目が合った瞬間、蘭ちゃんはニヤリと笑い、みんなに向かって大きな声を上げた。

「みなさん、お待たせしました！　これから最後の仕上げをしますわ！　フライパンとワインの準備を！」

手伝いをしている真吾が、蘭ちゃんにワインを渡す。すると蘭ちゃんは、慣れた手つきでクルクルクルっとワインのコルク栓を抜いた。

「な、なにをしてるの？」

わたしは思わず聞いてしまった。カレーにワイン？　どういうことだろう。

「さすが高級フレンチ店の娘だ。手慣れてるなぁ。いったいどうするんだ？　飲むのはダメだぞ？」

蘭ちゃんたちのブースを担当している先生も驚いている。

「先生、もちろん飲みはしませんわ。未成年ですもの。フライパンに火を入れますわね」

「わ、わかった。火には気をつけろよ」

料理部の部員が熱々に熱されたフライパンを蘭ちゃんに渡した。蘭ちゃんが、そこにサイコロ状に切られたお肉を入れる。

《ジュウウウーーー》

お肉が香ばしく焼ける音が聞こえてくる。真剣な目でお肉の焼き加減を見ている蘭ちゃんから、わたしは目が離せなかった。お肉が焼けていき、だんだんいい匂いが広がってきた。

「そろそろですわね」

蘭ちゃんがそう言って、ワインのボトルを手に取り、大声で叫んだ。

「みなさん！　少し離れていただけるかしら！」

なんだ、なんだと、行列が一歩後ろに下がると、蘭ちゃんは手に持ったワインをフライパンに注ぎ込み、サッと振った！　次の瞬間、フライパンから炎が上がった。

《ボボボボッ!!》

「おおおー！」

「すげぇ！　テレビみたいだ！」

「あれ、フランべって言うんでしょ!?」

　生徒たちから歓声が上がり、拍手が鳴り響いた。わたしは、そのパフォーマンスに圧倒され、立ち尽くしてしまった。色葉ちゃんもなにも言えずに、ただ蘭ちゃんを見ていた。蘭ちゃんは、ワインで焼いたお肉を肉汁ごと寸胴鍋のカレーに入れた。

「このカレーにも、さっきのワインを入れて長時間煮込んでいますの。ルーにも、お肉にもワインの風味がしっかりと染み込んでいますわ。これぞ、カレーとフレンチを融合、結婚させた、錦野蘭オリジナル〝マリアージュ〟ですわ！　みなさん、どうぞ召し上がれ！」

　ワーっと歓声が上がり、生徒たちが次々に紙のお皿に盛られたカレーとプラスチックのスプーンを受け取る。

「うひょ～！　こんなお洒落なカレー食べたことないぜ」

「旨い！　旨すぎる！　さすがフレンチの女神様！」

　もらったそばから立ち食いを始める男子もいた。女子たちも、広場のベンチや、敷かれているシートの上に座って、次々に食べ始める。

「たまんない～！　口の中で具材が合わさって、トロけていく感じがする～！」

「ああ～、大人の味だわ～。感動しちゃう～」

そんな生徒たちの間を真吾が水を配ったり、お皿を回収したりしている。

「そうでしょう、そうでしょう！　なんせ、グランメゾン錦野の一人娘である錦野が、卓越したセンスとアイデアで創った、世界でひとつだけの〝マリアージュ〟だから！」

相変わらず、自分じゃないことでよく騒ぐヤツである。

「真吾のヤツ、調子乗ってる」

「うん。でも、なんだかんだ真面目にゴミを集めたりしてるし、なんか可愛いかも」

「え!?」

（色葉ちゃん……。目を覚ますんだ！）

ライバルの実力

そんな様子を見ているうちに、わたしたちの番がやってきた。蘭ちゃんがこちらに余裕の笑顔を見せながら言った。

「香坂さん、黄崎さん、来てくださったのね。ライバルの視察かしら？　まあ、真似をしてもよくってよ。そこの2人にもお渡しして」

料理部の子が、わたしたちにカレーをさっと渡してくれた。

「あ、ありがとう」

わたしも色葉ちゃんも、さっきまでのパフォーマンスと、生徒たちの感想の嵐に圧倒されてしまい、それしか言葉が出なかった。

「玖実ちゃん。あのベンチ空いてるよ。あそこで食べよ？」

「う……うん」

色葉ちゃんに言われて、ベンチに腰を下ろした。色葉ちゃんが、お皿に鼻を近づけてクンクンと匂いをかいだ。

「なんだかいい香り。普通のカレーと全然違うね」

「そうだね……」

確かに、いままでにない、なんだかいい匂いだった。

「あっ、おいしい。これ、おいしいよ、玖実ちゃん！」

色葉ちゃんがひと口食べると、パッと顔を輝かせて言った。わたしも、スプーンにすくい、口に入れる。

「……!?」

口に入れた瞬間から、わたしが知っているカレーとはまったく違う、芳醇《ほうじゅん》な味が広がった。

「こ、これが、蘭ちゃんの……」

なにをどうしたらこんな味になるのか、想像もできなかった。

「蘭ちゃん、やっぱり高級フレンチ店の娘なんだね。こんなカレーが作れるなんて、すごいね」

色葉ちゃんがしみじみとつぶやいた。わたしも、まったく同じ思いだった。

「蘭ちゃん、料理の天才だね」

「……」

素直に、そう口にする色葉ちゃんと違って、わたしはなにも言えなかった。〝マリアージュ〟の前には、さらに行列が増えていた。

蘭ちゃんは忙しそうに、でも笑顔で、カレーをよそい続けている。真吾も、行列を整理したり、ゴミを回収したり、忙しそうに走り回っている。そんな様子を見ていると、なんだか胸が締めつけられる。

改めて蘭ちゃんとの差を感じて、目に熱いものが込み上げてきた。わたしは思わずグッと歯を噛みしめた。

料理は勝ち負けではない

その日の夜、わたしはベッドに横になり、ぼーっと天井を見つめていた。あのあと、蘭ちゃんのカレーはお昼休み中に完売していた。放課後もやる予定だったらしいけど、その分も全部配られてしまったらしい。

わたしは、その人気っぷりを目の当たりにして、なんだか呆然としてしまっていた。午後の授業も、どうやって家に帰ってきたかも、あまり覚えていない。

そうやって、なにも考えずに天井を見つめていると、視界の端にピョコっと、紫色の球体が現れた。

「どないしたんや？　玖実」

ブルブルくんがジーッとこっちを見ている。一瞬、ブルブルくんのほうに目をやったけど、なにも答える気が起きない。わたしはまた天井を見つめた。

「ふむ、こりゃ重症やな」

ブルブルくんは「やれやれ」とあきれた顔で、わたしの視界をピョコピョコと動き回り始めた。

「敗北宣言するか？　白旗をあげるか？　あ〜あ、こんな姿見たらおばあちゃん悲しむやろなぁ」

わたしはギュッと、ブルブルくんをわしづかみにした。

「な、なにすんねん!!」

そのまま、思いっきり壁にブルブルくんを投げつけた。

「うわぁー!?」

「ボンッ！」とブルブルくんが部屋の壁にぶつかり床に転がった。

「なにすんねん！　痛いやんか……って、全然痛ないわ！　ぬいぐるみボディやからか。こりゃ便利やな！」

ブルブルくんは、いつもと変わらない様子で軽口を叩くが、いまはその相手をする気分ではない。

「うるさい。今夜は消えてくれない？」

ブルブルくんがピョンと胸に乗ってきた。

「どこ乗ってんのよ！」

バシッと手で払い落とす。ブルブルくんはコロコロと部屋の隅に転がっていった。

「あんなぁ、人に八つ当たりするのはやめや」

「あんた、人じゃないでしょ！」

「そうやった！　ボクは妖精や！　こりゃ、一本取られたな！　わはは！」

「もう、一人にさせてよ！」

いまはブルブルくんの姿も見たくなくて、顔から枕に突っ込む。

「う～ん。ま、さっきよりはちょい元気かな」

枕元からブルブルくんの声が聞こえてきた。

「玖実、今日の蘭ちゃんのカレーがものすごい衝撃的やってんなぁ。敵わへんって思ったんちゃう？」

本当にうるさいヤツだ。考えないようにしていることをズバっと言わないでほしい。

わたしが無視を決め込んでいると、ブルブルくんが不思議なことを言った。

「まぁでも、そんなにショック受けんでええで、玖実。あれは手品や、手品」

「……手品？」

わたしは、視線をチラッとブルブルくんに向けた。

「おっ、興味ありそうやな！　人は、何かが突然現れたり消えたり、知らないものを見たり、予想外のことが起きたら、脳が驚いてしまうんや。今日、蘭ちゃんがやってた『カレーにワインを入れる』『牛肉が炎に包まれる』ってのは、生徒のほとんどが初めて見た光景や。玖実もせやろ？」

「う、うん。聞いたこともなかったし、見たこともなかったよ」

「せやろ？　それでまず、『すごーい！』って思ってしもうてるわな」

ブルブルくんがドヤ顔で続ける。

「これは別に、悪いことやないけどな。旅行先で、その場で焼いてくれる魚がおいしく感じたり、お祭りの屋台で、目の前で作ってくれた焼きそばがおいしく感じたりするのも、似たような効果があるからな」

わかるような、わからないようなたとえである。

「ほかにもな、玖実。たとえば、お母さんが作ってくれたお弁当を、この薄暗い部屋で食べるのと、爽やかな青空の下、木陰でゆっくり食べるのとどっちがええ?」

「この部屋では、嫌かな?」

「せやな。同じ弁当やのに、場所が違うとなんか味も違う気がするよな。じゃ、色葉ちゃんとかみんなで食べるのと、一人で食べるのやったらどっちがええ?」

「それは、みんなと食べるほうがいい」

「せやろ? 正解や。食事ってのは、気持ちのいい場所で、大勢の人と楽しく食べると特別においしく感じるんや。それに、最初に『すごい!』って思ってしもうてるしな」

「なるほど~」

確かに一理あると思った。

「でも、やっぱりわたしにはあんなの作れないよ。ワインをカレーに入れる発想なんてないもん」

「はっはっは! そらそうやろ! 蘭ちゃんは生まれたときから一流シェフの親を見て、その料理を食べて育ってるんや。目も舌も肥えてて当然や。そこにきて頭がええやろし、顔もええ。料理の腕前は親も超えとるんちゃうか?」

「蘭ちゃんのこと、めっちゃ褒めるじゃん。わたしへの嫌味？」

「ま、玖実と蘭ちゃんは差があって当たり前やな。もう月とスッポン……うわぁ!?」

「ビシッ！」とブルブルくんにデコピンをする。

「次は踏んづけるよ」

「やめろ～玖実、ドSキャラみたいになってるで！　話は最後まで聞きいや」

これ以上何を言いたいのだろう。わたしはベッドの上であぐらをかきながらブルブルくんをジーッと睨《にら》みつけ、次の言葉を促した。

「なによ、最後までって」

「ごほん。なぁ玖実、おばあちゃんのお店のブルーベリージュースは好きか？」

「なに？　急に」

「嫌いか？」

「いや、大好きだけど……」

「そうか！　あれはうまいもんなー！　じゃ、玖実、最近暑いけどソーメン食べたくならんか？」

「わかる！　暑いときのソーメンは最高だよね。めんつゆに氷を入れるのが好き！

うーん、話してるだけでお腹空いてきちゃう」

「せやなぁ。いつか好きなもんばっかり食べる旅とかできたらええなぁ」

「確かに、それ楽しそう！」

「めっちゃ楽しいやろなー！　玖実、ひとつ聞いてええか？　その、大好きな食べ物の中で、勝ち組と負け組分けるなら、どうなる？」

「勝ち組と、負け組？　そんなの、ないよ。全部おいしいもん」

「玖実、自分で気づいてるか？」

「ん？　何が？」

「自分で言うてるやん。**【料理は勝つとか、負けるとかやないんや。食べた人が「おいしかった」「嬉しかった」と思うことが、とても大切】**なんや」

「それはそうだけど……。わたしは蘭ちゃんと違って、17年間、外食もほとんどしたことがなくて、毎日お母さんやおばあちゃんの作ってくれたご飯しか食べてないもん」

「せやな。それでええんや」

「生まれや育ちが違うから、最初から勝負にならないって言いたいんでしょ！」

「ちゃう！　玖実は玖実でええんや。玖実のカレーを作ればええんや」

「でも、それじゃ蘭ちゃんに勝てない……」

「玖実、さっきも言ったけど料理は勝ちとか負けやない」

「わ、わかってる！　でも、でも、悔しかったの……」

つい、口から、ポロリと心の奥にある、本当の気持ちがこぼれ落ちてしまった。口にした瞬間、自分でも気づいていなかった我慢していた感情が一気に押し寄せてきた。

せっかくおばあちゃんに秘密を教えてもらい、わたしたちのこだわりのカレーを作る気満々だったのに、すでに蘭ちゃんは何歩も先を行っている気がして、その差を見せつけられて愕然《がくぜん》としたのだ。

「お、やっと本音が出たな？」

つい下を向いて顔を隠してしまう。なんだかとても、恥ずかしかった。

「せやな、悔しかったんやな、玖実」

ブルブルくんが、優しく声をかけてくれる。

「自分じゃ思いつきもしないカレーを蘭ちゃんが作ってて、悔しかったんやな」

ブルブルくんの優しい声のせいなのか、なんなのか、わたしは涙があふれてくるのを止められなかった。

「う、う、うぇぇ〜〜〜……」

声を抑えようとすればするほど、涙が止められなくなってしまった。

「うわあああああ〜〜〜〜〜〜ん……」

「もっと泣き、もっと大声で泣いてええで」

ブルブルくんは、特に驚くわけでもなく、優しく見守ってくれている。

「玖実、泣きながらでええから、ゆ〜っくり、話聞いてな」

「うん」

「おばあちゃんが言うとったこと覚えてるか？」

「うん、覚えてる」

「じゃあ、言うてみ」

「自分の頭で考えて、わたしのカレーを作ってって」

「玖実はそれ聞いて、どう思ったんや？」

「嬉しかった。おばあちゃんに、わたしが考えて作ったおいしいカレーを食べてもらいたいって、思ったよ」

「そのとき、勝ちたいとか、負けたくないとか、考えてたか？」

あの、朝日の差し込む喫茶店の風景を思い出した。おばあちゃんと、わたしと、カレー。あの空間にはそれしかなくて、とってもシンプルで気持ちのいい瞬間だった。

「なかった。勝ち負けなんて考えてなかった」

「……そうか。じゃあ、玖実は単純に、玖実オリジナルのカレーを作って、おばあちゃんに食べてほしい、喜んでほしいと感じてたんやな？」

落ち着いて、自分の胸に聞いてみる。

「うん。そういうことしか、感じてなかった」

「ええやん。すっごい素敵な気持ちやと思うよ。料理っていうのは、そういった気持ちの伝え合いなんや。玖実も、おばあちゃんとそうしたいって思ったってことはすっごい素敵やで」

夢を叶えるヒント

ブルブルくんがひょいっとわたしの頭の上に飛び乗り、ぽんぽんと叩いてくれる。なぐさめてくれているのだろうか。わたしは涙を拭いて、頭の上のブルブルくんに向かって言った。

「ありがとう、ブルブルくん」

「かまへんかまへん。ちょっと気持ち、落ち着いてきたか？」

「うん。蘭ちゃんは、わたしにないものをたくさん持ってるから、だから、嫉妬《しっと》もしてたんだと思う」

「ええねん、そんなこと。誰にでもある。なかったら心配なくらいや。それにたぶん、蘭ちゃんも玖実に嫉妬してると思うで」

「わたしのどこに？」

「そのうちわかるときがくるわ。人はみんな、それぞれ素敵なところを持ってるからな！」

なんか、それっぽい言葉ではぐらかされたような気がする。でも、悪い気分ではなかった。

「まぁ、それより玖実。勝ち負けは気にせんでええとは言ったんやけど、大会に出ることは変わらへんし、おばあちゃんとの約束はあるんや！　これからどうするのか、作戦とか目標は考えてるか？」

「これっていうのはないけど、なんとなく。おばあちゃんだけじゃなくて、蘭ちゃんにも『おいしい！』って言ってもらえる、わたしのカレーを作ってみたいと思ってる」

「なるほどな！　蘭ちゃんにもおいしいと思わせる！　ええやん！　で、それどうやって作るんや？」

「それは……」

ずっと頭の上にいたブルブルくんがひょいっと目の前に飛び降りてきた。

やりたいことはあるのだが、どうやったらできるのか、想像できなかった。

「うーん？」

「アイデア全然出えへんのかい！　しゃあないな。ほな、ひとつアドバイスしたるわ」

「アドバイス？」

「カレーを作ることしか考えてへんかったから、見た目はええけど味がイマイチになったんや。〝マインドマップ〟って聞いたことあるか？」

「まいんどまっぷ？」

「フィンランドでは幼稚園のころから学ぶんやで。玖実、ノートあるか」と言われてわたしは机の中から新しいノートを出した。

「紙の真ん中に少し大きな円を書いてみ？　そんで、その円の中に〝わたしたちのカレー〟って書くんや」

ブルブルくんに言われるがまま、ノートに書いていく。

「次に、頭の中で浮かんだ言葉を真ん中の円から枝状に書いていってみ」

ブルブルくんの問いかけに合わせて、枝のように線を伸ばしながら思いつくものを書き足していく。

〝わたしたちのカレー〟から思いつくだけでもいろんなことが書き足されていき、ノートいっぱいに広がっていった。

「マインドマップは、自分の頭で思っていることをわかりやすく図にしたノート法なんやで」

「これ学校でやったことある！　確か先生は【イメージマップ】って言ってたなぁ」

「イメージマップ！　ええ響きやん！　これからはボクもイメージマップって言おうかな」

ブルブルくんと話しながら、わたしはイメージマップをどんどん書き進めていった。

「どや？　玖実のカレーに対する『見える化』がこれでできたな！　これがあると考

え続けることが楽になるんやで。これで頭の中が整理されて、ほんまに自分が目指したいもんを見つけるヒントがわかるんや」

仲間と一緒にワンチームで目標に向かう

いろんな言葉でノートが埋め尽くされていく。同時に、頭の中をぐるぐるしていた考えが、書けば書くほどきれいに整理されていく。

「なるほど！　で、これからわたしはどうしたらいいのかな。カレーの勉強をすればいいの？」

「勉強したいんか？」

「いいえ、したくないです」

「即答やな。勉強も悪くないで」

「いまは結構です」

「頑固やな～。研究、分析、リサーチ、それをどうやるかというと……」

ブルブルくんがニヤリと笑う。

「食べ歩きや」

「食べ歩き?」

思っていなかった言葉が出てきた。

「そう、食べ歩きや。まずは、いま住んでるとこの近くでいいから、カレー屋さんを調べるんや。で、何種類か直接食べに行くとええ。そしたら、その中で玖実がおいしい、好きやって感じるカレーと出逢うはずや」

「それでいいの?」

「なに言うてんねん! それ〝が〟ええんや!」

ブルブルくんの声が大きくなる。

「ネットで調べたり、人から聞くのもええけど、それやと味はわからんし、作った人の気持ちもわからんやろ? ただの知ったかぶりちゃんや。だからこそ自分でお店を食べ歩き、自分の心を動かすカレーを見つけるんや」

すごく説得力があった。洛央商店街も、ネットじゃ古い商店街って書かれているだけだったけど、実際はすごく楽しい商店街だし、喫茶こよみの名物は、この辺りじゃ知らない人はいない。

「だけど、そんなにお店を探して、見つけて食べ歩くって大変な数よね。見つかるかなぁ」

「うーん」と考え込んでしまう。やったことがないので、イメージもできない。

「玖実、いま一人で全部やろうと思ってへんか？」

「え？　そうだけど……違うの？」

「一人でやろうとするから大変やねん。玖実のまわりには支えてくれる仲間がおるやろ？」

ブルブルくんの言葉を聞いて、色葉ちゃんと真吾の顔が頭に浮かんだ。

「確かに……」

「せやろ？　その仲間と一緒に目標に向かって**【ワンチーム】**になれば、できることがたくさんあるんちゃうかな。それぞれの得意分野を活かして」

ブルブルくんがピッと指を立てる。確かに色葉ちゃんは調べるのが得意だし、真吾は情報通で行動派だ。チームで考えたら新しいアイデアが出てくるかもしれない。ワクワクしてきた。

カレー研究会の再出発

次の日、わたしは色葉ちゃんとカレー研究会の教室に向かった。扉を開けるとそこにはなぜか真吾が、さも当たり前のように座っている。

「真吾、あんたなんでここにいるのよ。蘭ちゃんのところに行ったんじゃないの」

「敵を欺《あざむ》くにはまず味方からって言うだろ？　だから錦野の偵察に行ってたんだよ」

得意げな表情の真吾、いつものおちゃらけた雰囲気だ。

「そんなの簡単に信じられるわけないでしょ」

「確かに、最初は売り言葉に買い言葉で出て行っちまったけど、やっぱり俺も2人と一緒に頑張りたい、3人で大会に出たいんだ。でも、いまのままじゃ錦野に勝つどころか、まともにカレーさえ作れない。だからこそ錦野のところでカレーの〝いろは〟を学んできたってわけ」

いつになく真面目な表情の真吾を見て、わたしも真吾の言葉にウソがないことを感じ取った。

「二度目はないからね。一緒に頑張りたいって言ったからにはとことん付き合ってもらうから！」

「カレー研究会、再出発だね！」

色葉ちゃんも嬉しそうにしている。

「あ、そうだ。そういえばわたし、勝つとか負けるとかやめたから」

「え？」

「食べてくれた人がおいしいって思うような、みんなが幸せになれるカレーを作る！」

「なんだよそれ！　まあ、でもそのほうが玖実らしいな」

あきれた表情で笑う真吾にわたしはノートを差し出した。もちろん、色葉ちゃんにも。「なにこれ」という表情でノートを見つめている2人に、わたしはブルブルくんから教わったイメージマップの説明をした。

「このノートを道標にわたしたちのカレーを作りたい。そのためのヒントを3人で協力して見つけよう」

真吾も合流し、3人の気持ちがひとつになり、大会に向けてワンチームになったわたしたちは、さっそくカレーの分析を始めた。

玖実たちが描いたイメージマップ①

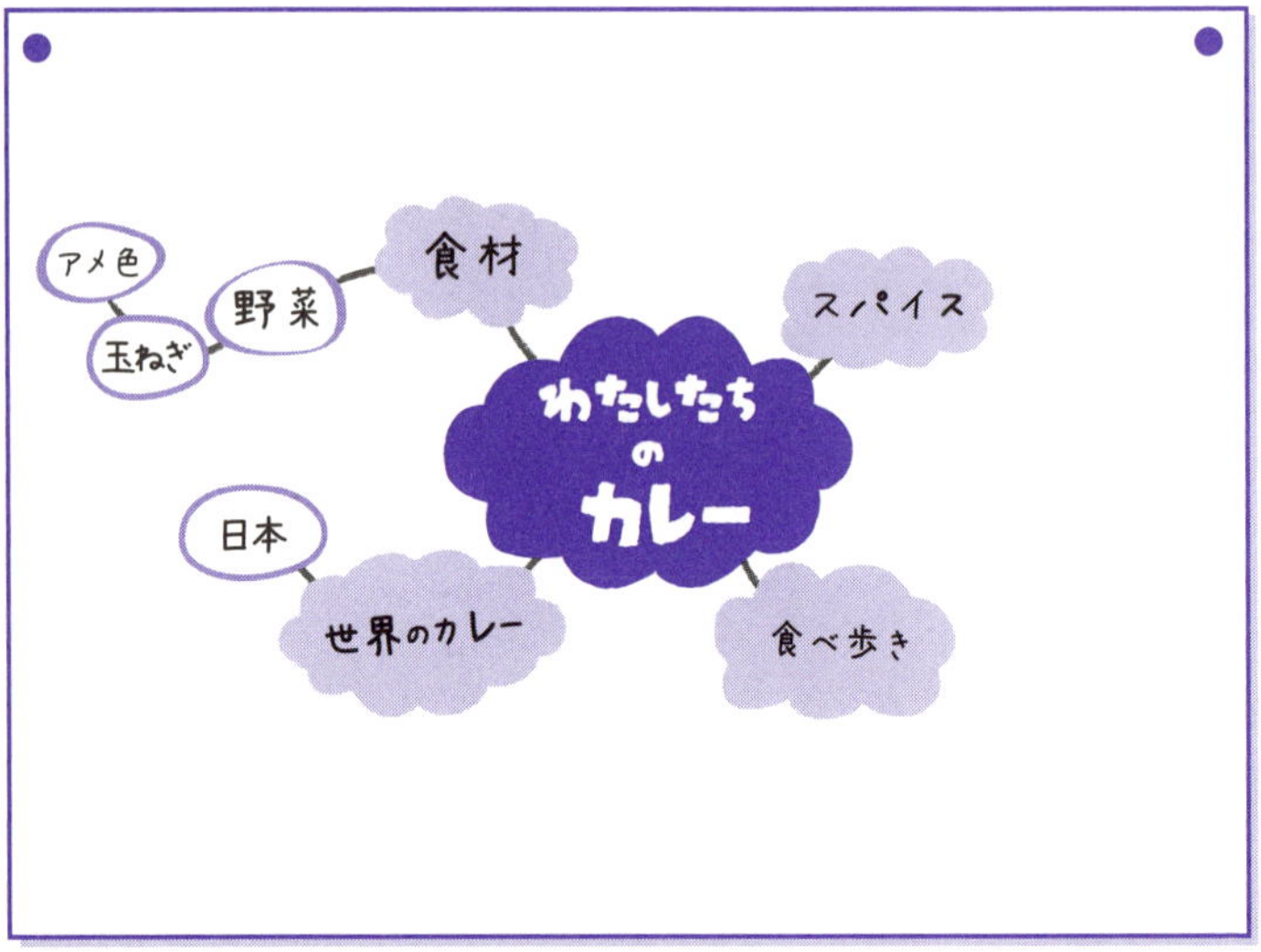
わたしたちのカレー
食材
野菜
玉ねぎ
アメ色
スパイス
世界のカレー
日本
食べ歩き

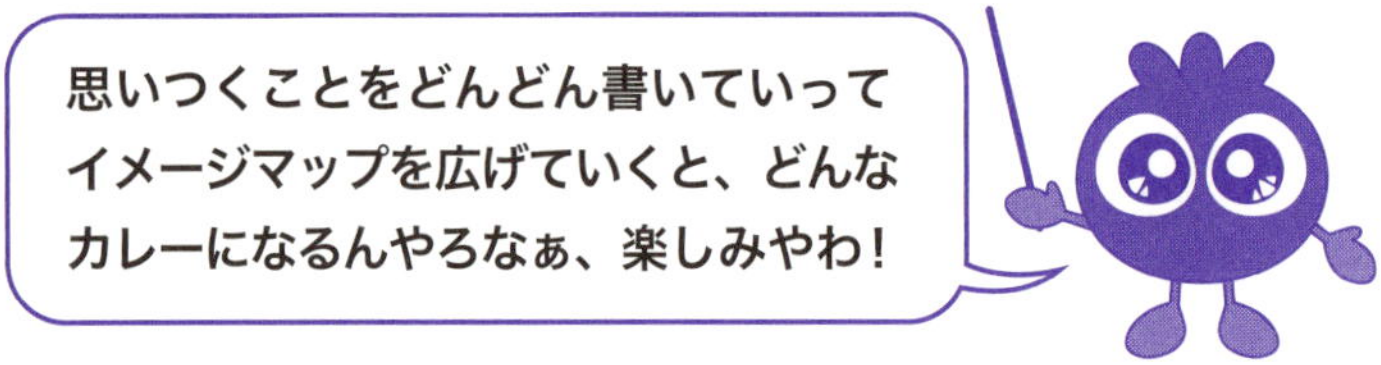
思いつくことをどんどん書いていって
イメージマップを広げていくと、どんな
カレーになるんやろなぁ、楽しみやわ！

ブルブルくんの教え

- 料理に勝ち負けはなく、
  食べた人に喜んでもらうことが
  大切

- イメージマップで頭の中を
  見える化すれば、
  夢を叶えるヒントが見つかる

- 目標に向かって
  仲間とワンチームになれば、
  新しいアイデアが生まれる

カクタニ語録②

社長秘書の夢を実現した女性社員の話

夢や目標を言葉にし、書いて実現したことで有名なのが、大谷翔平選手です。「それは大谷選手だからできたんでしょ」と言う人もいます。確かに、彼のような存在はなかなかいませんから、そう思いたくなる気持ちもよくわかります。

そもそも、子どものころからの夢を実現できる人は少ないようです。では、大谷選手と夢を実現できなかった人たちの違いは何でしょう。生まれ持った才能もさることながら、幼少期より夢や目標を明確に持って、その達成のために努力してきたから、いまの大谷選手があるのだと思います。

わたしが代表を務めるわかさ生活には、夢を言葉にして、それを実現させたミウラという社員がいます。わたしは東日本大震災のときに、内定を取り消された人たちを50人ほど採用しました。ミウラさんはそのうちの一人です。高校を卒業したばかりで、最初はなにをやりたいかもわからないようでした。しかし、2回、3回と話していくうちに、「わたし、秘書をやりたいんです」

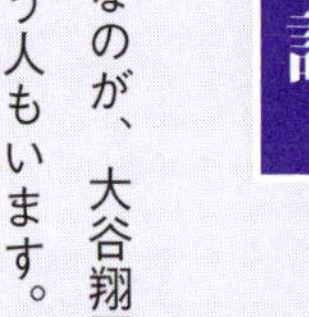

と言ってきたのです。なぜ、いきなり秘書なのか。

テレビかなにかに影響されたのかな？　わたしはその程度の気持ちでいたのですが、実はミウラさんは、高校時代からわたしのことを知っていたのです。会社のホームページにあった経営理念やわたしの日々の言葉を見てくれていて、それで、わたしが秘書を探していることを知ったのでしょう。ミウラさんは、秘書の仕事をしたいという率直な気持ちを伝えてくれました。

社長秘書をすることがミウラさんの夢だったかどうかは別にして（そうであってくれると嬉しいのですが）、秘書の仕事をしたいという想いを言葉に出し、希望を実現したのです。

「やりたいこと」を言葉にすることで、まわりの人は初めて、その人の夢、想いを知ります。その想いが伝われば、その人に協力してあげたい、その夢を叶えてあげたいという人が出てくるわけです。これは、わたしのマーケティング論にも通じるところがあり、わたしの生き方を支える軸にもなりました。

第3章

前味・中味・後味

大会本番まで残り3か月

カレー研究会が拠点にしている小さな空き教室で、わたしたちは壁に貼られているカレー大会のポスターを睨んでいる。

大会本番まであと3か月。テーブルには、いろんなカレーの成分をグラフ化して、栄養価が書かれたプリントが置いてある。その横のホワイトボードには、この辺りの地図が貼られ、いくつもの店の名前が書いてある。

用意してくれたのは色葉ちゃんだ。わたしたちは、イメージマップを活用しながら話を進めた。ホワイトボードの中心に書いた「わたしたちのカレー」から放射線状に線を伸ばし、最初の分類として「食材」「スパイス」「世界のカレー」「食べ歩き」と書き込んだ。そこから色葉ちゃんが調べてくれた内容をもとに、さらに枝分かれさせながら細分化してイメージマップを書き足していく。

「色葉ちゃん、たった数日間でこんなによく調べてくれたね。ありがとう！　じゃあ、聞かせてくれる?」

「うん！　わたしは、世界のカレーについて調べたの。もともとインドが発祥で、その後はイギリスの商人によって世界に広がったんだって」

「へぇー、そうなのか」

真吾が感心したような声を上げる。

「インドのカレーは、バターチキンとキーマが有名で、日本でもよく食べられているみたい。最近では、ほうれん草とチーズで作ったパラクパニールや、豆が入ったダール・タッカというカレーが人気上昇中らしいよ」

「あ、俺はキーマカレーなら食べたことある」

「わたしもバターチキンカレーなら食べたことあるわ。あの味は好きだな」

珍しく真吾も真面目に聞いているし、わたしもワクワクしながら聞いていた。

「それに、タイも馴染みのものが多くて、グリーンカレーとか、最近はマッサマンカレーっていうのが人気で、ピーナッツペーストとココナッツミルクで作るんだって」

「へぇ～、そうなんだ。全然知らなかったわ」

色葉ちゃんも嬉しそうに話を進めてくれている。任せてよかったと思った。

「次に日本のカレーなんだけど……」

「おっ！　そこは俺も少し報告したいことがあるんだ」

色葉ちゃんの説明を真吾が引き継いだ。

「これは俺の感覚なんだけど、日本人って、カレーをご飯にかけるだけじゃなくて、うどんにかけたり、パンの中に入れたりして、いろんな食べ方をしてるよなって思ってさ」

「そうなの！　いいところに気づいたね、真吾くん！」色葉ちゃんに急に褒められて、真吾が顔を赤くする。

「ま、まぁな！　俺も研究会の一員だし、ちゃんと調べたり考えたりしてるんだよ。俺は褒められて伸びるタイプなんだ。玖実も覚えとけよな！」

わかりやすく調子に乗っている。なんでわたしがこいつを褒めにゃならんのだ。

「はいはい、わかった、わかった。色葉ちゃん、それで？」

「うん。日本の特徴は〝ご当地カレー〟ってジャンルが多いことだと思うの」

「ご当地カレー？」

「そう。〝北海道のスープカレー〟とか、〝金沢カレー〟とかが代表的ね」

「確かに、聞いたことある。チェーン店が多いよね」

真吾もウンウンと頷いている。

「ほかにも、どんな食材でも混ぜちゃって、それが人気になったりするよね。帆立、リンゴ、ブルーベリー、なかには納豆なんてのもあるのよ」

確かに、言われてみれば全部心当たりがあった。色葉ちゃんがまとめてくれたデータやプリントを見ると、全部面白いものばかりだった。

慣れ親しんだ日本のカレーを追求する

「うーん、やっぱり奥が深いね。なにから食べに行ったらいいのか、迷っちゃう」

「そのことなんだけど……」

色葉ちゃんがちょこんと手を挙げた。

「わたしたちが出る大会は、商店街の催しじゃない？」

「そうだね」

「そのときのライバルは？」

「うーん、勝ち負けって考え方じゃないけど、やっぱり蘭ちゃんの〝マリアージュ〟かな」

「だよね。わたし、この間、食べたときに思ったことがあるの……」

色葉ちゃんが大事なことを伝えるように、少し声をひそめて言った。

「カレーって、みんながよく食べる国民食だから、やっぱりわたしは食べ馴染みのあるもののほうがいいかなって……」

すかさず、真吾が口を挟む。

「でも俺、あの日、食器の回収をするときに食べ終わったみんなの話を聞いたけど、すごく好評だったぜ。だから、やっぱ個性的なほうがいいんじゃねぇの？」

「確かに、わたしもたくさん、そんな声を聞いたわ。でも……」

「でも？」

わたしは続きを促す。

「2回、3回と食べたいと思うかなぁって」

そう言われて、わたしはハッとした。ショックを受けたあの日、わたしもブルブルくんと話す中で考えていたのだ。蘭ちゃんのカレーは、確かにおいしかった。けど、なんだか、わたしが知っているいつもの味じゃなかった。カレーが食べたいときに、あれが出てきたら、「ちょっと違うんだよなぁ」ってなるんじゃないかと思っていた。

「それ、わたしも思ってた！」

つい声が大きくなってしまった。

「だよね。蘭ちゃんのカレーは、ヨーロッパが基準になってると思うの」

色葉ちゃんもテンションが上がっていた。

「確かに、グランメゾン錦野はフランス料理だからなぁ。オシャレだし、〝よそ行き〟って感じはするよな」

真吾も考え込んでいる。

「カレーは、インドで生まれて、アジア方面と、ヨーロッパ方面に広がっていったみたいなの。わたしたちがいつも食べてるのは……」

「アジアのカレーってことね」

色葉ちゃんの言いたいことがわかってきた。

「蘭ちゃんは、フレンチの特徴を活かしたヨーロッパのカレーを作る。それはそれでいいと思う。でも、わたしたちは慣れ親しんだアジアの、しかも日本のカレーを追求すれば、マリアージュとは違う、みんながいつも食べたいと思えるカレーができるってことじゃないかな？」

「それだぁ！　色葉ちゃん、ありがとう！」

色葉ちゃんに激しくハグをする。

「俺も混ぜてくれよ～」

真吾がなにか言ってるが、わたしも色葉ちゃんもガン無視である。

「じゃあ、わたしたちがまず食べに行くべきは……」

会議で出た意見をイメージマップに書き込んでいき、食べに行くお店を決めていった。

食べ歩きスタート

土曜日、朝10時。わたしたちは気持ちのいい日差しが降り注ぐ中、目的地に向かって歩いていた。

「あっつ～い！　夏っぽくなってきたね！　ホント、なんでこんなに暑いのかしら！」

「でも玖実ちゃん、こんな季節のほうが飲み物はおいしいよ。はい、スポーツドリンク」

「ありがとー色葉ちゃん！　ま、携帯扇風機もあるし、お店に入ったら涼しいだろうし、がまん、がまん」

「あと少しだ……あっ！　この先の角を右に曲がったところに目的の店があるぜ！」

真吾がスマホを見ながら道案内をしてくれている。あのあと、わたしたちは色葉ちゃんの集めてくれた30軒以上のカレー屋さんリストから、まずは条件に合う6軒に目星をつけて、みんなで順番に食べ歩きをしていくことにした。

四つ角を曲がると、遠目にも行列ができていることがわかるお店があった。あそこが目的地だ。

「うわっ、まだ開店前だよね？　もうこんなに並んでる」

すでに20人ほどが並んでいた。急いで最後尾に並びに行く。

「すごい人気ねー」

きょろきょろと辺りを見回す。別に、栄えている場所でもない。みんなこのお店が目的で、わざわざここまで来ているということがわかる。1軒目は王道とも言うべきカツカレーが評判のお店。

「カレーの香りだけでも食欲をそそるのに、カツの香りがプラスされて、ますますお腹が空いてきたー」

味の秘密がわかる特製スプーン

開店が待ちきれない様子の真吾の横で、わたしはあることを思い出した。

「あ、そうそう。2人に渡さないといけないものがあるの」

ゴソゴソとカバンに手を突っ込み、スッと2人に差し出した。

「これは?」

「スプーン?」

色葉ちゃんと真吾がキョトンとしている。

「そうよ。カレー研究会、創業メンバーの仲間の証の特製スプーンよ。今日の食べ歩きから使いましょう」

「わぁ、柄の部分の模様、可愛いね! これはブルーベリー模様かな?」

「玖実が女子っぽいことしてる! どうしたんだ? 熱でもあるのか?」

真吾が茶化してくる。

「あんた……。せっかくこのメンバーで、同じ目標に向かって頑張るんだし、なんかほしいなと思って用意したの」

このスプーンは、ブルブルくんにもらったものだった。昨日の夜のことを思い出す。わたしは興奮しながら、ブルブルくんにいろいろな話をしていた。

「……それでね、色葉ちゃんがこんなに調べてくれて、わたしたちはアジアの、日本のカレーを追求していくことにしたの！　明日、明後日は食べ歩きの日なんだ。おばあちゃんのカレーは、あれから毎日練習して、いまではもうレシピを確認しなくてもおばあちゃんの味が出せるようになってきてるし、あとは研究で得た知識を試していく段階だね！」

やりたいことが、やるべきことが、はっきりとわかると、不思議と体の中からやる気が湧いてくるのだった。

「はぁー、玖実テンション高いなぁ！　それほどワクワクしてんねんな！」ブルブルくんもテンションが上がってぴょんぴょんと跳ね回っている。

「うん、ブルブルくんが教えてくれたおかげだよ！　料理は勝ち負けじゃないって。蘭ちゃんをぎゃふんと言わせるんじゃなくて、蘭ちゃんにもおいしいって思ってもらえるようにって。そう考えると、いろんな悩みがなくなった感じがするんだ」

「そーかそーか、それはよかったわ。ほんなら、もう1個教えたろ。物事は**【前味・**

中味・後味】が大事やねん。お店でも会社でも大切なのはリピーターや。流行っているお店にはリピーターが多い。つまり、何回も食べたいと思わせることが大切なんや。それを前味・中味・後味っていうんや」

「味？　カレーのこと？」

「ちゃうちゃう。前味は、SNSなんかでおいしそうな写真を見たり、食べたことがある友だちの話を聞いたりして、食べてみたいな〜って思う味のイメージのことや。中味は、実際にそのお店に行って食べることなんやけど、写真を見てレビューを読んで、そのお店に行くまで頭の中はその食べ物でいっぱいになるよな。想像するだけでヨダレが出てしまうくらい楽しみになることや。最後は後味。そのお店に行っておいしかったらどうする？」

「もう1回そのお店に行きたくなるかな？」

「せやな、それが後味やし、リピーターになるってことや。玖実もおいしかったお店を友だちに教えたことあるやろ？」

　確かにこの前もおいしいクレープ屋の話を聞いて、色葉ちゃんと行ったばかりだったことを思い出した。

「これから玖実はそれを実行していくねんで。ところで玖実、明日から食べ歩きを始めんねんな？」

「うん、そうだよ？」

「せやったら、これあげるわ！」

そう言って、どこからともなくヌッと、スプーンを3本取り出した。

「えっ、いまどこから」

「まぁまぁ、その辺は気にしたらあかん。メルヘンパワーや」

ぐぬぬ……、本当に都合よくできている。

「なにこれ？　スプーンだよね？」

「せや。でもただのスプーンやないで。これは『秘密のスプーン』。これでカレーを食べるとな、味の秘密がわかるんや！」

「ふーん、へぇー」

「あ！　信じてないな」

「そりゃね、いきなりそんなこと言われても」

「まあ、ウソやと思って1回試しに使ってみ！」

「なんか怪しい感じがするけど、試してみようかな。普通に可愛いスプーンだし。マイスプーンって、なんかいいね！」

「なんか引っかかる言い方やな……まぁええわ。ちなみに、玖実以外の人が使っても味の秘密はわからんから、気をつけてな」

「え？　じゃあ、色葉ちゃんと真吾にはわからないってこと？　なんで？」

「それはな……メルヘンパワーや！」

「は!?　またそれ？　それ言われるとなにも言い返せなくなるからやめてよ！」

「はっはっはっ！　しゃーないやろ。メルヘンパワーはメルヘンパワーや」

「ほんっとに、テキトーなぬいぐるみなんだから……」

自分たちにしかできない最高のカレーを作る

「玖実！　列、前に詰めろよ！　どうしたんだボーっとして？　大丈夫か？」

真吾の声でハッと我に返る。

昨日のブルブルくんの話を思い出して、ぶつぶつと独り言を言ってしまっていたようだ。真吾と並んでいる人が怪訝《けげん》な顔でわたしを見ていた。

「あわわ、ごめん！　すみません！　わたし、なにか言ってた？」

「うん、秘密のなんとかとか、ぶるぶるくんとか、ぶつぶつ言ってたよ」

「あ、あは、あはは！　いやー、お腹が空いたのと、暑いのとで、ちょっと頭がおかしくなってたのかな？　なんでもないよ！」

焦って誤魔化した。色葉ちゃんと真吾も「確かに、腹減ったなぁ」「暑いもんね。日傘持ってきてよかったよ」と、そんなに追及してこなかった。ふぅ、危なかった。

そんなことをしていると、わたしたちの順番が回ってきた。カウンター席に座り、さっそくカツカレーを注文する。

ジュウッとカツの揚がる音がますます胃を刺激する。大きなお皿にほかほかのご飯とたっぷりのカレー、そしてボリュームのあるカツがドンとのって、わたしたちの前に現れた。

これは……。1軒目からなかなかのボリュームである。わたしたちはさっそく、「秘密のスプーン」を手に取って、食べ始める。

「うわっ、サクサクなのにジューシー！」

「このスパイス感、たまんねぇ！」

豚ロースをラードで揚げたサクサクのカツは、それだけでも十分楽しめる味だけど、スパイシーなカレーと合わさると、豚肉の甘味が少し辛めのルーを引き立てる。カレー自体にもポークの旨味がしっかり感じられる。結構な量だったのに、3人ともペロリと平らげて、大満足でお店をあとにした。

2軒目はチキンカレーの専門店に行った。うりは鶏の旨味が凝縮された濃厚スープらしい。

まず鶏ガラスープを作り、その中に骨付き肉を入れて、またじっくり煮込む。何時間も骨付き肉をぐつぐつ煮込むと、自然と肉が骨から外れて、骨が簡単に砕けるくらいにスープに溶けるんだとか。

あと、鶏肉にすり下ろしたニンニクや生姜をしっかりすり込んでおくことで、味が引き締まって深みが増すのだそうだ。ポークカツカレーとはまったく違う味わいを感じた。

そして、1日目の最後に行ったのは、野菜カレーが人気のお店だ。

にんじん、じゃがいも、玉ねぎはもちろん、ほかにもかぼちゃ、アスパラ、パプリカ、揚げたナスやレンコンなど、好きな野菜を選ぶこともできる。
野菜の味を活かすために、ベースにはコンソメを使い、とろみを出すためにはちみつを使っていて、あっさりしているけど、辛すぎず甘すぎず絶妙なバランスだ。

それに使われている野菜自体も、甘味が際立っていてとても食べやすい。わたしは試しにかぼちゃをお願いしてみた。

まず飛び込んできたのは、カレーの色にも負けない鮮やかな黄金色のかぼちゃだ。スプーンからはみ出してしまうほど大きい。それを口に入れた瞬間、じゃがいもとは違う特有のやわらかさと、ねっとりしつつもしつこくない、上品な甘さが口いっぱいに感じられた。

「俺、カレーの野菜がこんなにおいしいって思ったことない！」

真吾がえらく感動している。

「このお店の野菜、契約農家から仕入れた無農薬栽培って書いてあるよ」

「いままで、ルーやお肉の味ばっかり気になっていたけど、野菜も主役になれるね」

昼前から食べ歩いて、正直3軒目はお腹いっぱいかも……と心配していたのがウソのように、3人とも完食した。

「よーし！　今日食べたお店のこと、みんなちゃんとノートにまとめよう！　オリジナルカレーノート、しっかり作っていくわよ！」

「もちろん！」

「ノートにまとめるの苦手だけど、やってみるぜ」

お店を出たあとの帰り道で、色葉ちゃんと真吾が手に持ったノートを掲げた。

「このノートにいろんなリサーチの結果を書き込んでいって、わたしたちにしかできない最高のカレーを作ってみせる！」

テレビ・雑誌で話題の人気店

食べ歩き2日目。この日は一番楽しみにしていたお店からスタートした。

「ここはテレビとか雑誌からも取材を受けている〈一皿邸《ひとさらてい》〉というお店よ。11時開店でメニューは1種類。1日で30皿売れたら、もうお店を閉めちゃうらしいの」

「へぇー、すごいお店だね！　ということは結構ギリギリだったのかな。間に合ってよかったよ」

「うん、すごいんだ。わたしもテレビで見たことあったけど、いざ、自分が食べに行くってなると、いろいろ調べちゃった。アップされてる画像とかいっぱいあるよ」

色葉ちゃんがスマホを見せてくれる。

「人気の秘密のひとつは、カレーの上に惜しみなくのせるミディアムレアに焼かれたお肉のようね」

「おおぉー！　うまそう！　よだれが出るぜ！」

真吾が喜びの声を上げる。

「みなさん、本日もありがとうございます。一皿邸、営業開始いたします。まずは先頭の6名様、中へどうぞー」

並んでいた人たちが「待ってました！」「いやー、毎週これを食べないと、もうほかのカレーじゃ満足できなくてね」「初めて食べられる……やった！」など、いろんなことを言いながらお店に入っていく。みんな、一様に笑顔を浮かべている。

「なんだか、こっちまでワクワクしてくるね！」

「そうだね！」

わたしたちもソワソワとしてくる。しばらくすると何人かのお客さんがお店から出てきた。みんな、お店に入ったときの何倍も満足気な笑顔を浮かべている。そんなことを何回か繰り返しているうち、ついにわたしたちの順番がやってきた。

「お待たせしました！　次の3名様、中へお入りください。学生さんかな？　いらっしゃい！」

「こちらこそ、ありがとうございます！　お邪魔します！」

わたしはテンションが上がってしまって、つい大きな声で返事をしてしまった。

「声でけぇよ、玖実！　友だちの家か！　恥ずかしいわ！」

「えっと……。失礼しまーす」

色葉ちゃんと真吾もあとからお店に入ってきた。

「奥のテーブル席にどうぞー。ウチのメニューはひとつしかないので、ご飯の量だけ選んでくださいね」

店員さんが声をかけてくれた。

「じゃ、俺は大盛で！」

「真吾くん、ほかのお店にも行くのよ？　いきなり大盛なんて大丈夫？」

「あっ、そういえば……まぁ大丈夫だろ！　食べ盛りの高校男子だぜ」

相変わらず、後先を考えないヤツである。結局、真吾は大盛、わたしと色葉ちゃんは並盛を頼んだ。

「すごくいい匂いね。なんだろう……よく知ってる匂いでもあるんだけど、なにかが違うわ」

「楽しみだぜ。友だちとメシ食いに行くときは、ファミレスとかにしか行かねぇからさ。それ見てすげー食べたくなったんだよな」

真吾はそう言って、色葉ちゃんが見せてくれたスマホの画像や記事を指さす。

「2人とも、わたしもワクワクしてるから人のこと言えないけど、これはリサーチなのよ！　なにか気づいたり、発見したことがあったらちゃんとノートに書くのよ！」

そう言いながらキョロキョロとまわりを見渡すと、テーブルの上にメニューのようなものが置いてあることに気がついた。手にとって見てみると、そこにはたったひとつだけのカレーと飲み物がのっていた。

「このメニューに意味はあるのかしら？」

「あれ？　裏側になんかたくさん書いてあるよ」

わたしがジーッと見つめていると、色葉ちゃんが教えてくれた。バッと裏側を見て、わたしはまたテンションが上がった。

「……へぇー！」

そこには、このお店のカレーができるまでの道のりや、調理のコツ、使っている素材のことなどが詳しく書いてあった。

「なるほど！　最後にカレーにのせるミディアムレアのお肉は、ブランド牛を使っているのね。焼き方には熟練の技がいるらしいわ」

「うおぉ……ますます早く食べたいぜ！　でも玖実、肉のことよりも作り方とかスパイスとかを読んだほうがいいんじゃないか？」

確かに、真吾のくせにいいアドバイスだ。

「なになに……当店ではこだわり抜いた秘伝のスパイスを……って、その秘伝が知りたいのに！」

「まぁ、メニューに書いたら、〝秘伝〟じゃなくなっちゃうよね」

色葉ちゃんがくすっと笑う。そんなことをしているうちに、いよいよ目の前にカレーがやってきた！

「お待たせしました」

「待ってました！　ありがとうございます！」

「おおー！　旨そうな肉がのってるぜー！」

「すっごくいい匂い……」

「ウチのカレーはルーもお肉もうりなので、ぜひ楽しんでくださいね。ごゆっくり」

声を上げるわたしたちに、店員さんは笑顔でそう言って去っていった。

「それじゃ、色葉ちゃん、真吾、用意はいい？」

「おう！　スプーンの準備もバッチリだぜ！」

「早く食べたい……」

色葉ちゃんが珍しくがっついている。食べるの好きだもんね。

「はい、それでは……」

「「いただきます！」」

勢いよく口に入れた瞬間、「ビビビッ」と、全身に電気が走るような刺激と旨味が口いっぱいに広がった。

「旨っ！　えっ、甘っ！　でもスパイシー……。なにこれ!?」

「この旨味、甘味はたぶん、アメ色玉ねぎの味……。だけど、知らない味もある。これが秘伝のスパイス？」

ひと口目を飲み込む前に、ふた口目を口に入れる。絶妙なこの味が、口の中からなくなるのが嫌だ！　ずっと口の中にあってほしいからスプーンが止まらない！

三口目は、カレーと一緒にお肉も口に入れた。香ばしくてやわらかい。お肉の甘味と旨味がはっきりわかる。でも噛んでいくと、カレーのスパイシーな味と混ざって……。気づけば、わたしは一度もスプーンを置くことなく食べきっていた。

秘伝のスパイスの正体は？

「はぁ～、おいしかった」

ごちそうさまでした、とつぶやきながらお皿にスプーンを置き、改めてこのカレーのことを考えた。

ひと口、口に入れた瞬間から「旨い！」って感じがしたわ。たぶん、あれはアメ色玉ねぎを使っているね。でも、おばあちゃんのカレーとは少し違う感じだった。玉ねぎ以外に、何か別の野菜もトロトロにして入れているのかしら。「甘い」とも感じたから、甘味を感じる野菜かしら。

あと、辛いっていうよりスパイシーって感じのほうが圧倒的だったわ。あれは、おばあちゃんのカレーにはなかった。たぶん、あれが〝秘伝のスパイス〟なんだろう。スパイシーだけど、そんなに辛くない。スパイスって辛くなるだけじゃなかったんだ。ブルブルくんが何百種類もあるって言ってたもんな……。

考えを巡らせているうちに色葉ちゃんと真吾も食べ終えた。真吾はともかく、色葉ちゃんがこんな一気にご飯を食べるところは見たことがなかった。

「わたし、こんなカレー食べたの、初めてかも」

色葉ちゃんがポツリとつぶやいた。

「うん、最初にガツンとスパイスが感じられて、その後にほんのりとした甘味と、じわーっと旨味が広がって、辛いというより、スパイシーで食べる手が止まらなかったわ。たぶん、あの甘味と旨味って、玉ねぎとか野菜をじっくり、ゆっくりと、時間をかけて炒めたものだよ。でも、それ以外にもなにか使ってると思うんだよね。それと、このお店秘伝のスパイスが効いてるんだ。材料はなんだろう？　どうやって作っているんだろう？」

わたしが味の分析をしていると、2人がびっくりした顔をしていた。

「玖実ちゃん、すごいね。そんなことまでわかるの？」

「玖実、なんかテレビに出てくるグルメマニアみたいだな」

「えっ？　そんなことないよ！　ただ、おばあちゃんのカレーと似ている部分と、違う部分があったから、そこを比べて考えただけっていうか」

でも、確かにいままでの自分だったらわからない、考えもしないようなことを考えていた。もしかして、これがブルブルくんの「秘密のスプーン」の効果なのかな。スプーンをまじまじと見つめる。可愛いデザインの、普通のスプーンだ。

「君たち、もしかしてマイスプーンを持ってきてるの？　すごいね！　そんなに好きなんだ。これでスプーンを拭いて持って帰りな」

店員のお姉さんが濡れたおしぼりを持ってきてくれた。茶髪ショートカットの、スッとしたカッコいい人だ。

「あ、ありがとうございます！」

「元気だね！　それに、なんか味の分析までしてくれてたね。カレー作りに興味あるの？」

「あっ……なんかごめんなさい、お店の中なのに大きな声で……」

「いやいや、嬉しいよ。若い子がそんなに喜んでくれるのはね。将来カレー屋にでもなりたいの？」

わたしはお姉さんに、おばあちゃんのこと、商店街のカレー大会のことを伝えた。

「へぇー！　あなた、喫茶こよみのお孫さんなんだ！　そういえば洛央商店街は、毎年食べ物のイベントやってたね」

「おばあちゃんのこと、知ってるんですか？」

わたしはびっくりした。おばあちゃん、有名人なのだろうか。

「そりゃあね。この辺りでカレー屋を始めるってときに、わたしも調べて、食べに行って、ハマっちゃった人間だもの」

「え？　いまカレー屋を始めるって……。お姉さん、店員さんじゃ……」

お姉さんがニコッと笑う。

「嬉しいリアクション、ありがとう。わたしは、このお店のオーナーよ」

「ええ!?」

「すごい！　お姉さんのお店なんですね」

「美人で仕事がデキるお姉さん！　俺、和多部真吾って言います！　このお店通います！」

真吾は「びしっ！」と姿勢をよくして右腕を高々と挙げた。

「もっとお話したいけど、お客さんも待ってるからね。みんな、ちょっとこっちにおいで」

「えっ!?　あっ、はい」

「ねぇ、このテーブルの片付けおねがーい」

店員さんにそう言いながら、お店の裏口のほうに向かうお姉さんに3人で付いていった。

「特別にわたしのカレーの材料、見せてあげるわ」

「えっ!?　いいんですか？　秘伝のスパイスは企業秘密じゃ……」

「あはは！　確かに秘伝のスパイスは企業秘密だから全部は言えないけど、基本的なことは教えてあげられるわ」

お姉さんが振り向いてニコッと笑う。そして、お店の中からは見えないキッチンスペースに入れてくれて、冷蔵庫の中から次々と食材をテーブルの上に出して見せてくれた。

「玖実ちゃん、だっけ？　さっきあなたが言ってたアメ色玉ねぎ以外の旨味、甘味の話、ちょっと惜しかったんだよね。ウチのはね、ここにある食材をそれぞれ順番を守って入れて、じーっくり煮込むのよ。そしてそこに並んでいるのが……」

お姉さんが指さした先に6つの容器が並んでいた。

「あっ！　もしかしてそれが秘伝のスパイスですか!?」

お姉さんがニヤッと笑う。

「その通り！　わたしはここにある6種類のスパイスを使っているの。でも一番のポイントはこれよ」

そう言ってお姉さんは、6つの容器のひとつを手にとってふたを開け、わたしたちに見せてくれた。容器の中からはふんわりとカレーの匂いがした。

「これがポイントのガラムマサラ。ほかにも使ってるけど、あとはナイショ！」

すごく気になる。でも、しょうがない……。わたしたちがガッカリするのを見てお姉さんはヒントをくれた。

「スパイスの役目は、正確には色・香り・辛味なの。でもそこに、旨味は入っていないのよね。みんな、家でカレーを食べるときに、あとから自分の好みで醤油とかソースを加えたことない？」

「あぁ、そういえば……やったことあるかも」

家で食べるときは、なにか物足りなくていろいろと入れていた時期があった。

「うふふっ、だよね。でも、ウチの秘伝のスパイス、正確には隠し味なんだけど、ウチの味を支える大切な秘密はその旨味なの。もともとカレーなんて料理はなかったんだしね。インドの人たちがいろんな料理にスパイスを入れていて、それをイギリスの人たちが〝なんだこのおいしい食べ物は！　カレーと名付けよう！〟って言い始めたものだから、別に絶対の法則があるわけじゃないの。ま、諸説あるけど」

「なんだか、カレーって、自由ですね……」

色葉ちゃんが感心したようにつぶやいた。わたしも、想像すらしていなかった話にワクワクが止まらなくなっていた。

「そうよ。カレーは奥が深いわ。だから、玖実ちゃんたちだけの〝旨味〟を探してみるといいわね。っと、そろそろお店に戻らなきゃいけないわ。みんな、どうだった？ウチのカレーの秘密は参考になったかな？」

「はいっ！」

「今日見せていただいた素材だけでも、こんなに勉強になるなんて驚きました。ここから、調理もあるんですよね」

「もちろん。素材を全部お鍋に入れるだけで、できるものじゃないわ。しっかりと研究して、あなたたちのこだわりのカレー作ってね！　カレー大会楽しみにしてるね！」

わたしたちはお店を出て、近くの公園のベンチに座り、さっきのお店のことを話し合った。

「すっごく、おいしかったし、勉強になったね！」

「わたしも、ネットでいろいろと調べてたけど、今日知ったことのほうがすごく勉強になったよ」

「確かに、正直、この間の勉強会のときより、何倍も頭に入った気がするぜ」

「さすがに秘伝のスパイスとなれば、簡単には教えてくれないかぁ……」

「わたしたちで見つけるしかないね」

「うん。あと改めて考えると、具材ってあんまり入ってなかったよね。上にのっていたお肉とルーだけだった」

「でも、そのルーを作るまでがすごかったたな。アメ色玉ねぎは当然だし、さらに秘伝のスパイスや旨味だろ」

みんなでノートを見直しながら、あれこれと話をしていく。

「いやー、材料だけでもいろいろ発見があるね！」

「これ、整理してみると使っている食材以外はわかってないね。レシピだとしたら、材料はこれですよーまでしかわかってないよ」

「確かに。いまのままだと、俺なら全部鍋に入れて煮込んじゃいそうだ」

「そうね、次からは材料だけじゃなくて、作り方もチェックしなきゃ！」

「わたし、お姉さんが見せてくれたスパイスを入れる容器も、おっきな秘密だと思う。スパイスの分量って、とても大切だってネットでも書いてあったし」

少し本格的に調べてみただけでも、その奥深さがなんとなく感じられた。おばあちゃんも、こんないろいろなことを乗り越えていまのカレーに辿り着いたんだろうか。

「よし！　それじゃ、次行くよ！　色葉ちゃん、次のお店は？」

「次は、シーフードカレーが評判のお店。歩いて30分くらいの場所だね」

腹ごなしの散歩にちょうどいい。それに昨日からカレー三昧。食べたら動かないと太ってしまいそうだ。それは女子高生としてはとても大きな恐怖である。

「ありがとう！　じゃ、行きましょう」

「ちょっと待ってくれ！」

急に真吾が大声を上げた。

「なっ、なによ、真吾。どうしたの？」

「食いすぎで、横っ腹が痛い……」

「はあ……」

なんかもう、ため息しか出ない。

わたしと色葉ちゃんは歩いて次のお店に向かい、真吾は少し休んでからダッシュで合流をした。汗だくの状態でカレーを食べて、さらに汗をかく真吾を見て、色葉ちゃんは心配していた。なんていい子なんだ。真吾は放っておいても大丈夫なのよ、色葉ちゃん。

そんなことをしながら、結局2日目は3軒目に昆布や煮干しからとった出汁がベースの和風カレーのお店に行き、2日間で合計6軒のお店を食べ歩いて、19時ごろ、みんなで喫茶こよみに帰ってきた。

2日間の食べ歩きで得た成果

《カラン、コローン》

お店に入り、空いているテーブル席に倒れるように座り込んだ。

「あぁ～、もう限ッ界！　食べたー」

「わたし、こんなにご飯食べたの、初めて」

「………………」

真吾はもうなにもしゃべることができないようだ。2軒目のお店から、わたしと色葉ちゃんは一皿を2人でシェアしながら食べていたが、真吾はどのお店でも一人前以上のカレーを食べたのだ。

「最初の大盛……あれが効いたな」

「そういう問題じゃないでしょ！」

絞り出すように、よくわからない負け惜しみのようなことを言う真吾であった。

「なにはともあれ、色葉ちゃん、真吾、ひとまず2日間お疲れさま！　早速ノートにまとめていきましょう！」

色葉ちゃんと真吾も乗り気でテーブルの上にノートを広げ、今日食べたカレーのことやお店の人から教えてもらった情報、気づいたことなどを共有し、**【イメージマップ】**を増やしながら整理をしていく。

「昨日行ったカツカレーのお店は、スパイシーって感じだったよね」

「あ、わかる。スパイスの感じが強いっていうか。子どもには食べてもらいにくいかもね」

「そのあとのチキンカレーのお店は、あんまり辛くなくて、旨いって感じたぜ。スパイスだけじゃなくて、普通にスーパーで買えるルーやウスターソースも使ってるって言ってたよな」

「そうそう。だからとろみが強かったのかな。市販のルーもひとつの材料として使って、いろいろなオリジナル要素を入れてあの味になってるんだよね」

「野菜にこだわったカレーは、じゃがいもとにんじんも大きめで、おばあちゃんのカレーに似てたと思う」

「素材の味がしっかりしてたよな」

「ノートを見ていて改めて思ったんだけど、ポークカレー、チキンカレー、そしてビーフカレーのお店にも行ったよね。色葉ちゃんと真吾はどれが好き？」

「うーん。俺はビーフのほうが好きだな！」

「わたしはポークかな。そういえば、どこのお店も具材とルーがすごくマッチしてたよね」

「あ、わたしも同じこと考えてた。なんだか、どのお店もそれぞれ特徴があって、具材に合わせたルー作りにこだわってるように感じたわ」

「シーフードカレーは不思議な感じだったなー。あんな腹いっぱいだったのに、さらっと食べれたよな。オレンジピールを入れてすっきりした後味にしてるってメニューにも書いてあったな」

「和風カレーは店長さんが不愛想で怖かったけど、出汁が効いてすっごく優しい味だったよね。確かに、あそこのお店もスパイスの話はあんまりしてなかったね」

みんなで感想を言い合うと、同じことを感じていたり、違う意見を持っていたり、発見が多い。そんなことをしていると、おばあちゃんがこっちに近づいてきた。

「みんな、楽しそうだねぇ。いいことでもあったのかい？」

「うん！　2日間で6軒回ったんだけど、いっぱい勉強になったんだ！　いままでおばあちゃんのカレーしか知らなかったけど、世界がグッと広がったように感じる！」

「いいねぇ。若いんだからたくさん食べて勉強するといいよ」

おばあちゃんはニコニコしている。

「よし、こんだけまとまれば十分だろ！　さっそく明日作ってみるか！」

「そうね、実践あるのみよ！」

わたしと真吾は興奮しながらノートを見つめ、どんなふうに作ろうか胸を踊らせる。

すると色葉ちゃんがそろりと手を挙げた。

「じゃあ、食べ合わせとかも考えてみたらどうかな？」

食べ合わせ？　あんまり聞いたことがない。頭に《ハテナ》を浮かべるわたしと真吾に、色葉ちゃんはわかりやすく説明を始める。

「食べ物にも相性があって、一緒に食べると体にいろんな効果が期待できるの。食べるものによってもそれぞれ違ってくるのよ」

なんと、一緒に食べるものが違うだけでそんな効果があるなんて、いままで考えたことがなかったけど、食べ物一つひとつに意味や効果があることがわかると面白い。

この2日間で食べた6種類のカレーにも、それぞれ作った人の想いや意味が詰め込まれているんだろうな。

「そういえば、インドでは〝アーユルヴェーダ〟っていう考え方があるんだって」

「なんだそりゃ？」

「インドでは、毎日の体調に合わせて食べるものを変えたりすることで、病気にならない、健康な体でいるっていう考え方があるらしいの」

「ということは、毎日インドのカレーを食べていれば、病気にならない健康体になれるってこと？」

「それって、もうほとんど玖実じゃん」

「わたしの健康を支えてくれているのはおばあちゃんのカレーです〜」

そんな軽口を言い合いながら、書き連ねたノートを見る。

「ん？　あ、これ……」

たまたま開けた〈一皿邸〉のページの端に、ガラムマサラの文字が見えた。

「これ、オーナーさんに教えてもらったスパイスだ」

わたしがつぶやくと、2人もわたしのノートを覗いてきた。

「そーいや、ほかのお店じゃ聞かなかったよな、それ」

「ガラムマサラってなんなのかしら」

3人が3人とも頭に《ハテナ》を浮かべていたので、さっそくスマホでガラムマサラの検索をかけてみる。

「混合スパイス」

「3～10種類のスパイスを調合したもの……だって」

なんと、ガラムマサラは、シナモンやナツメグを基本としたスパイスを調合した混合スパイスのことを言うらしいのだ。これひとつでカレーを作ってしまう人もいるようだが、最初から調合されているということもあり、どちらかというと、初心者向けのスパイスらしい。

「へぇー初耳だぜ。つーことはあれか？　やっぱいろんなスパイス調合すると旨くなんのかな」

「いや、そういうわけじゃないと思うけど……。でも自分たちなりに調合してみるのもいいかもね」

「よーし！　そうと決まれば早速行動ね。わたしたちのカレーにピッタリなスパイスをピックアップしましょう！」

そうして、わたしたちは再びノートと向かい合った。

「それぞれのお店の特徴とこだわりをしっかりと覚えて、わたしたちのオリジナルカレーのヒントにしなきゃね！」

「あらまぁ、みんな頑張り屋さんだね。あたしは邪魔にならないように向こうにいるから、ほどほどにね」

おばあちゃんはそう言うと、カウンターの中に戻っていった。

それからも、今日カレーを食べて感じたことや、そのお店で聞いた材料、作り方のコツなんかをみんなで話し合い続けた。

ブルブルくんの嘘

家に帰ってすぐにお風呂に入り、部屋に戻ると、ブルブルくんが声をかけてきた。

「いやー、玖実！　お疲れさまな気分やな」

「ははは、ありがと」

「今日もすごかったなー！　大食い番組見てるようやったで」

どこからともなく現れて机の上でウロチョロしながら話しかけてくる。そんな様子を見ていると、つい笑ってしまう。

「ブルブルくん、テンション高いね。どうしたのよ」

「いやな？　玖実がしっかり〝リサーチ〟をしてんのが嬉しくて、面白くてなぁ。今日つけてたノート、ボクにも見せてーや」

「カレー研究会のオリジナルカレーノートよ。ちゃんと覚えてよね」

そう言いながらノートを渡すと、ブルブルくんは楽しそうにノートを見始めた。

「ほほー、いろいろ分析してるな～。使ってる材料とか予想して、答え合わせとかもしてたんか」

「うん。ブルブルくんがくれた『秘密のスプーン』のおかげかな？　なんだかいろんな味が感じられたよ」

「そりゃー、よかった、よかった！　あんだけ勉強は嫌って言うてた玖実が、こんだけたくさん考えて、ノートを書いてることが嬉しいわ！　あ、ちなみにな、玖実。あのスプーンで味の秘密がわかるってのな、ウソやねん」

ノートをめくる手を止め、ブルブルくんが満面の笑顔でこっちを見ながら言った。

「は!? えっ、ちょっと! どういうことよ!」

「スプーンの効果やなくて、玖実自身が、ちゃんと味をわかってたんやで」

「……え?」

「確かに、ボクはウソをついた。〝この『秘密のスプーン』は、味の秘密がわかるんやで〟ってな。で、玖実はそれを信じて、この2日間カレーを食べた。そのたびに、これはなにを使っているのかな? たぶん、アレを使っているんだとか、いろいろ考えたやろ。そのときに玖実が感じたことは、ウソやなくて真実なんや」

ブルブルくんが続ける。

「それが間違っててもええ。一流の料理人でも、百発百中なんてことはないやろし。ただ、真剣に味わって、真剣に考えた。それが大事やねん」

ブルブルくんがノートを指さす。

「**【考えて、予測して、答えを聞いて、発見する】**今日の玖実は、それを何度も繰り返して、昨日の玖実より、カレーのことにめっちゃ詳しくなってる。で、それをちゃんとノートに残してる。人に話せるようになってる。それって、すっごいことやで」

ブルブルくんがわたしの手に寄りかかり、じっとこっちを見つめてくる。

「確かに、いつもなら『おいしい！』って感じて、それ以上考えてなかったかもしれない。『秘密のスプーン』があって、このスプーンを使えば、味の秘密がわかるって思っていたから、いろいろ考えて、２人にも伝えられたんだと思う……」

「せやろ？　それは、『秘密のスプーン』の力じゃなくて、玖実の力やねんで」

「ブルブルくんありがとう。おかげで自信ついてきたよ！」

「そりゃよかったわ！　さっき伝えたことは全部ホンマやで。玖実、いまめっちゃ成長してるで～」

ニコニコしながらとても嬉しそうに褒めてくれるブルブルくん。なんだかこっちも嬉しくなってくる。

「じゃ、そろそろ寝るね。ブルブルくんもおやすみー」

「ほな、おやすみ～」

パチっと電気を消して布団に入る。この２日間で食べたカレーのことを思い出しながら、頭の中でいろいろな組み合わせを考えていると、自然と眠りに落ちていった。

玖実たちが描いたイメージマップ②

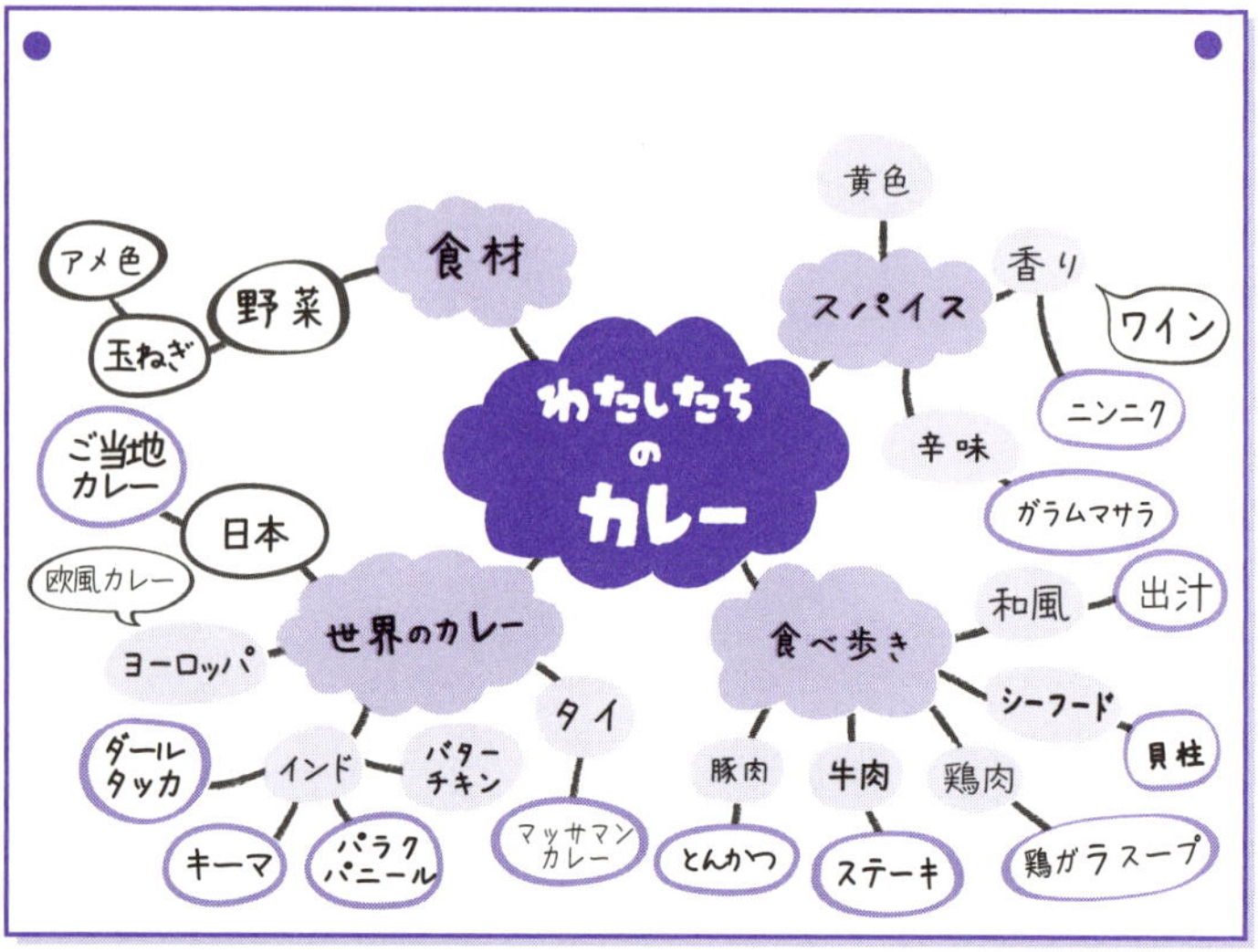

ええ感じに埋まってきてるやん！
食べ歩きでいろいろわかったみたいやな。この調子やで～。

ブルブルくんの教え

- 物事は前味・中味・後味が大事

- 前味は食べる前の味のイメージ、
中味は実際に食べて味を知ること、
後味はその味のリピーターになること

- 「考えて、予測して、答えを聞いて、
発見する」を繰り返すことで
人は成長する

カクタニ語録③

イメージマップと1000日計画

わたしは、新入社員にイメージマップを作成してもらう取り組みをしています。テーマは「3年後の自分はどのような姿でありたいか」です。イメージマップは、特定のテーマを紙の中心に据え、それに関連する要素を書き出して、線で結んでいくことで、頭の中のアイデアをビジュアル化する手法です。

新人社員にイメージマップを作成してもらうのは、「将来、こんな風になりたい」という思いをもとに、さまざまなアイデアを発展させ、具体的な行動につなげていくプロセスが重要だと感じているからです。これにより、日々の目標が明確化され、将来への方針が示されます。この方針が明確であるか否かによって、個々の行動に大きな違いが生じます。

テーマに「3年後」という期間を設けているのは、わかさ生活では入社後の3年間を「チャンスの期間」と捉えているからです。自らの目指す方向へ挑戦するための貴重な時間と位置づけ、それを「1000日計画」と呼んでいます。

「いまこそがチャンスのときだ」という認識を持つことで、そこに明確な目標が生まれます。また、自身の1000日後の姿を可視化することで、周囲にその意図が伝わり、自覚を促せます。自分が達成したい目標が明らかになれば、協力する人が現れ、チャンスはさらに広がっていくでしょう。

わかさ生活で20年間勤めたあと、海外で起業した社員（タキモトさん）の事例があります。彼女は入社後、フィンランドのオフィスで北欧関連の仕事に従事していました。わたしもそのオフィスを訪れたことがあり、壁には彼女が入社した当初に描いたイメージマップが所狭しと掲示されていました。現在、タキモトさんは独立して海外で仕事をしていますが、大切にしてきたイメージマップがタキモトさんの方針に影響を与えていると感じます。

1000日という日数は、目標を目指している人にとって、長いようで実はあっという間です。みなさんもまず、紙とペンを手に取り、3年後の自分をイメージしてみましょう。目標を立てたら、まずこれをやることで自ずと前へ進んで行けます。

第4章

「心のコップ」は上向きに

カレー漬けの日々

お弁当にカレー、放課後にもまたカレー。毎日カレーを食べる日々が始まった。単純に分量を変えてみる。材料を変えてみる。煮る時間を変えてみる。試行錯誤を繰り返した。

おばあちゃんの許可を取って、喫茶こよみのコンロをひとつ借りた。放課後はそこで色葉ちゃんや真吾とひたすらオリジナルレシピをバージョンアップしていった。

作ったカレーは自分たちで食べるのはもちろん、学校に持って行ってみんなに食べてもらったりした。クオリティも少しずつ上がってきて、たまに新しいレシピに挑戦してみたり、別のお店のレシピを再現してみたりと、カレー漬けの日々だった。そんなわたしたちの活動は、学校でもちょっと有名になっていた。

「カレー研究会のやつらは、毎日お弁当もカレーらしい」「放課後、毎日カレーの特訓をしているらしい」「町中のカレー屋と知り合いらしい」などなど。

本格的な夏の暑さを感じるそんなある日の放課後、調理実習室に向かう途中で女子野球部のコーチから声をかけられた。

「ねぇ、香坂さん。夏休みにわたしたち学校で合宿をするんだけど、香坂さんたちのカレーを作ってもらえないかなーと思って。材料費はこっちの部費から出すから」

なんと、願ってもない話だ。

「ぜんぜんオッケーです！　むしろ喜んで！　ほかのメンバーにも伝えてきます」わたしは急いで教室に向かい、先に到着していた色葉ちゃんと真吾に伝えた。

「それ、いいね！　夏休み中にわたしたち以外の感想も聞けるし、いい経験になると思うな」

「女子野球部の合宿に参加できる！　最高じゃねぇか！　ウハウハだぜ」

「真吾くん、本音が漏れてるよ」

真吾……。ついに色葉ちゃんからもツッコミを受けるようになってしまったか。

「えっ!?　いやいや、んなことないって！　あ、あれだよ！　大会当日は、お客さんたくさん来るだろ？　そのときのための大量に作る練習にもなってラッキーだと思うぜ」

確かに、それも一理ある。

「これは、結構な用意が必要そうだね」

「じゃあ、食堂の調理場を借りよう」

「材料もちゃんと準備しなきゃな」

「オリジナルカレーレシピも、まだまだ問題は山積みだし、今回の合宿で経験を積んでレシピの完成に近づけようね！」

「オー！」と、みんなで気合を入れた。窓の外から聞こえるセミの声はまるでわたしたちのことを応援してくれているようだ。

気がつけば、大会までもう1か月を切っていた。ここからが勝負になりそうだ。

カレー研究会初の実戦

合宿当日、わたしたちはお昼すぎに食堂の調理場に集まっていた。

「色葉ちゃん、真吾、今日はカレー研究会、初の実戦よ。相手は女子野球部員たち。彼女たちの胃袋に、わたしたちのカレーを刻み込むのよ！」

「玖実ちゃん、なんだか言い回しが物騒だよ」

「気合入ってんな～。俺はもうクタクタだよ……」

笑う色葉ちゃんの横で、真吾は机に突っ伏してぐったりとしていた。朝からみんなで買い出しに行き、真吾には大量の重い食材を運んでもらっていたのだ。

「真吾ってば情けないわね。まだ買い出しが終わっただけじゃない。戦いはこれからよ！」

初めて入る食堂の調理場は、想像以上に広かった。大きな寸胴鍋に、広い調理用のシルバーのテーブル。料理のプロが使う場所って感じがする。そして、そのテーブルの上には大量の食材がどどーんとのっていた。

「改めて見ると、すごい量だね」

「あぁ、これは、確かに戦いって感じだぜ」

色葉ちゃんと真吾がごくりと唾を飲み込んだ。わたしはテーブルの上にある大量の食材を見渡し、一緒に調理に取り掛かることにした。

「さて……やりますかっ!!」

真吾は大量の食材を切り分け、色葉ちゃんはお米を研いでご飯を炊き、わたしはスパイスの調合、3人でそれぞれ手分けをした。

そして、いままで使ったことがないような大きなお鍋でアメ色玉ねぎを大量に作っていった。すべて分量をしっかりと計り、ミスがないように作っていった。それにしても……すごい量だ。

予想以上に時間がかかってしまい、気がつけば、女子野球部の練習が終わる19時前になっていた。

「ねぇ、もうすぐ女子野球部の人たち来ちゃうんじゃない？」

色葉ちゃんが心配そうに聞いてきた。

「玖実、これ、間に合うのかよ。やばくねぇか」

能天気な真吾もさすがに焦りの色が隠せない。

「待って、あともうちょっと……」

あわてて作ったので、途中から段取りが狂ってしまった。もう時間がない。

「よし、これでなんとかいけそうじゃない？」

本当はもうちょっと煮込む時間がほしかったが、急いで3人で試食をする。

「あれ？　いつもと、なんか違う……」

なんとなーく、違和感があった。

「なんか、ちょっとコクが弱い気がする……」

「そうよね、とろみも少ないし、匂いもなんか変な気がするよね？」

「そうか？　俺は特に気にならないけど……」

食べられないほどではないけど、いままで作っていたものと比べたら、ずいぶんお粗末なものになってしまった。どうしよう、こんなものをみんなに食べてもらうなんて。でも、作り直している時間も材料もないし……。そうこうしているうちに19時になり、女子野球部員たちの声が遠くから聞こえてきた。

「あぁ〜〜〜、疲れたぁー！　もうお腹ペコペコだよー」

「今日って確か、カレー研究会の人たちがごはんを作ってくれてるんだよね？」

「そうなんだ、楽しみだね！　でも、この匂いって……？」

「なんかさ……ちょっと臭くない？」

「あ、研究会の人たちだ！　今日はありがとー！」

みんなでワイワイと話しながら食堂に入ってくる。

「玖実ちゃん、どうする？」

「うん……」

「そんな心配すんなって！　俺たち一生懸命作ったんだからさ」

迷っているわたしたちに真吾がそう言って、女子野球部員に声をかけた。

「みんな、部活お疲れさま！　俺たちカレー研究会を呼んでくれてありがとな！　今日は俺たちのオリジナルカレーを食べて疲れを吹き飛ばしてくれよってなわけで、みんなここから順に並んでくれ！」

素材の味が消えた⁉

すぐに長蛇の列ができた。真吾がお皿とスプーンを用意して、色葉ちゃんがご飯をよそって、わたしがカレーをかける。見事なコンビネーションで、あっという間にみんなに行き渡った。

「わたしたち、8月にある洛央商店街のカレー大会に出るために頑張ってるの。実はまだレシピは模索中で、今日はその……ちょっといつもとは違う感じになったんだけど、もっとおいしくなるようにするから、食べたらいろいろ感想を教えてね。それではご一緒に……」

「「いただきます！」」

みんなが一斉にカレーを食べ始めた。

「うーん……なんだろ?」

「家で食べるのと全然違うね。これがオリジナルの味かな」

「なんか、初めて食べる味。正直苦手かも」

お腹ペコペコのはずの部員の手が止まり、食堂は気まずい雰囲気に包まれた。やっぱり、出さなきゃよかった。みんなに喜んでもらえないカレーを出してしまった恥ずかしさとやるせなさに、わたしはぐっと拳を握り締め、うつむいた。

真吾はそれでもみんなに感想を聞いてくれている。みんなそれぞれに「大会頑張ってね」「完成楽しみにしてるよ」と言ってくれたらしいのだが、「おかわりの人はこちらへどうぞー!」と言っても、誰もおかわりをしてくれず、大きな鍋には結構な量のカレーが残ってしまった。

そんな中、テーブルの奥のほうでスプーンににんじんをのせて、首をかしげている子が目に入った。どうやら1年生のようだ。思い切ってその子に声をかける。

「あの〜、どうかな? よかったら感想聞かせてもらえないかな?」

「あっ、はい……えっと」

何か、もごもごと言いにくそうな感じだった。

「わたしたち、このカレーをもっとおいしくしたいんだ！　だから、言いにくいことでも、教えてほしいの！」

そう伝えると、その子は少したためらいながら口を開いた。

「じゃがいもやにんじんがおいしくないかな……って」

「えっ？　どういうこと？」

「わたし北海道出身で、実家が農家をやってるんですけど、その影響か野菜の甘味に敏感で。だから素材の味が消えちゃってるなって……」

「素材の味……？」

その言葉にわたしがいろいろと考え込んでいると、顧問の先生が声を上げた。

「はーい！　これ以上食べる人はいないかな？　お皿は洗って返してね」

女子野球部のみんなはそれぞれ食器を片付け、食堂をあとにした。

みんなを見送ったあと、緊張の糸がぷつりと切れたように、わたしたちは同時に椅子に座り込んだ。

「あぁぁぁ〜〜〜、疲れた〜〜〜」

急にどっと疲れを感じて、机の上に突っ伏した。

「なんだか、一日中立ちっぱなしだったね」

色葉ちゃんの声にも力がない。

「料理し続けるって、体力勝負なんだな。食堂のおばちゃん、尊敬するぜ」

真吾もがっくりとうなだれていた。

「本当にいつもと全然違ったね。おかわりする子はいなかったし、ぜんぜん思った通りの味にならなかった」

食べているときのみんなの微妙な顔を思い出すと、がっくりときてしまう。

「思い通りの味にならなかったのは、わたしのせいかも。スパイスの調合、失敗しちゃって独特な匂いがするって言われちゃった」

「大量に作ったの初めてだったし、しょうがないよ。また頑張ろう!」

色葉ちゃんが励ましてくれた。

「あ、それと、最後に話を聞いた子が、じゃがいもやにんじんがおいしくないって言ってたんだけど、どうしてだろう?」

「そうだよな……。別に傷んだ野菜を使ったわけじゃなくて、スーパーで買ってきた野菜を使ったんだけどな」

「ほかにもコゲ臭いとか言ってたな」

「えっ!?　コゲ臭い」

驚いたわたしは急いで寸胴鍋の底をかき混ぜた。するとコゲのかたまりが浮き上がってくるではないか。

「これか……」

大量のカレー作りでルーを焦がす大失態をしてしまったのだ。ショックと疲れで、わたしたちは調理場でただ呆然とするばかりだった。

スパイスの重要性

次の日。昨日の失敗の原因を解明するため、わたしたちは調理実習室で頭を悩ませていた。色葉ちゃんはお米を炊くのと野菜を切る担当、真吾は肉と大量の玉ねぎを炒める担当。わたしはスパイス作りと全体の担当となって動いている。

「お腹空いたね……」

色葉ちゃんがそっとつぶやいた。煮詰まったであろうお鍋のふたを、布巾でつかんで開けると、鍋の中からはいままで以上に独特な匂いがした。

「ど、どうだ?」

真吾が待ちきれないといった様子で身を乗り出している。色葉ちゃんとわたしも覗き込んでみる。

「う、う〜ん……?」

そのとき、《ガラガラ》と調理実習室のドアが勢いよく開いた。3人で一斉にそっちを見ると、そこには蘭ちゃんがいた。

「あらあら、なんだか不思議な匂いがすると思ったら……。カレー研究会のみなさんじゃない。いったいなにをされているの?」

仁王立ちで腕を組みながら見下ろしてくる蘭ちゃんの姿は、完全にお嬢様……いや、もはや女王様である。

「ら、蘭ちゃん……」

「なにか用?」

今回ばかりは邪魔されたくない。しかし、そんな色葉ちゃんやわたしの言葉を無視して蘭ちゃんは、ずかずかと調理実習室に入ってくる。

「もしかして、カレーを作っているのかしら？」

蘭ちゃんはすぐに鍋を覗き込んだ。

「なんですか、この匂いは……。あまりにも臭すぎますわ。あなたたち、こんなお粗末なものをお客さまにご提供なさるおつもり？」

「んなっ……っ!! せっかくみんなで作ったのになんてこと言うのよ！」

そのあまりにも無神経な言葉に、ふつふつと怒りが湧き出てくる。

「お、おい錦野、それはいくらなんでも言いすぎだぜ」

真吾が仲裁に入ろうとした。

「スパイスは、なにを使っておられますの？ まぁ、おそらくガラムマサラでしょうね。それだけならまだしも、ほかに何種類も混ぜ込んだってところかしら」

「えっ……!!」

蘭ちゃんにさも平然と図星をつかれ、わたしは思わず固まってしまう。蘭ちゃんは止まることなく続ける。

「まったく、あきれましたわ。スパイスについて理解されていないようね」

《バンッ!!》

調理台を思いっきり叩いてしまった。すると置かれていた調味料や野菜類がドミノみたいに横倒しになる。勢いよく叩いたせいで掌がじんわり痛くなってくるが、そんなものはお構いなしだ。

「さっきから……、さっきから聞いていれば、こんなものとか、理解してないとか、勝手に入ってきてよく好き放題言えるわねッ！　邪魔したいの!!」

もう、我慢の限界だった。怒りがわたしの肩を震わせている。しばらく沈黙が続く調理実習室。そんな静けさを破るように蘭ちゃんが大きなため息をついた。

「はあ……。あなたたち、カレーの研究されたんでしょう？　スパイスの重要性は勉強されなかったのかしら？」

「スパイスの重要性？」

「インドカレーで使われるスパイスは15種類前後で作られていますの。市販のルーは約50種類。わたくしは30種類のスパイスを調合しましたわ。あなたたちは何種類お使いになったの？」

「わたしたちは6種類……」

「それはなにを？」

「そ、そんなの、教えられるわけないでしょ！」

ライバルである蘭ちゃんに、そう簡単に大事なスパイスのことを教えられるわけがない。

「別に教えていただかなくても香りでわかりますわ。ガラムマサラのほかには、コリアンダー、クミン、ターメリックなどを使っているのではなくて？　これ以上のものが作れず、時間ばかり経つのであれば市販のルーをお使いになっては？」

なにも言い返せず、黙り込んでしまったわたしたちを横目に、蘭ちゃんがさらに続ける。

「コリアンダーは、いろんなスパイスのバランスを取ってくれますのよ。でも、和名でカメムシ草と呼ばれているように、入れすぎると臭くなる原因になるから、注意が必要ですわ。あなたたちのカレーが青臭いのも、このスパイスの影響でしょうね。クミンは食欲をかき立たせるいい匂いをさせるから、一番大事とも言えるスパイス。ターメリックはカレーの黄色い色づけに活躍するスパイス。そして、この3種類のスパイスをどれくらいの割合で調合するか、作るときの分量をどうするか、それだけでも味は変わりますのよ。わたくしならまずは、この3種類だけで作りますわ」

蘭ちゃんはわたしに視線を向け、ちらりとわたしの後ろにいる色葉ちゃんと真吾を見る。そして、再び笑みを浮かべて続けた。

「まあいいわ。今日はたまたま学校に用事があって来ていただけなの。もう帰らせていただきますわ。わたくしはあなた方と違って忙しいので」

言いたいことだけ言って、蘭ちゃんは扉から出ていく。廊下を歩く足音が聞こえなくなると、真吾が若干焦ったように玖実に話しかける。

「き、気にすんなって玖実！　食べてみようぜ！」

真吾は「腹減ったな～！」なんて言いながらカレーを盛り付ける。それに続いて色葉ちゃんもカレーをよそって食べている。そんな2人をよそに、わたしは肩をワナワナと震わせ、蘭ちゃんが言っていたことを考えていた。

蘭ちゃんの言っていることはわかる。でも、3人でたくさん調べて、考えて、スパイスを選んだのよ。そうして作ったカレーがお粗末だなんてそんなこと……。食べてみないとわからないじゃない。すると、1人うつむいて食べていた色葉ちゃんが手を止める。

「ん？　どうした？　色葉ちゃん」

真吾が声をかける。

「………………」

「どうしたの？」

わたしも思わず声をかける。すると、黙っていた色葉ちゃんが、スプーンをお皿に置いてひと言つぶやいた。

「………おいしくないわ」

「えっ!?」

色葉ちゃんのひと言に真吾は驚き、わたしはショックで「カシャーーーン」と持っていたスプーンを落としてしまった。

「お、おいしく……ない!?」

蘭ちゃんに言われたこともかなり心に刺さったが、研究会のメンバーに言われるとまた、強烈である。

「あっごめんね、違うのよ！　味は前より、おいしくなってるの。でも、なにか微妙に違う気がして。これが蘭ちゃんの言ってたスパイスの重要性ってことかな」

そう言うと色葉ちゃんは、なにが違うのかとノートを取り出した。その言葉に驚いて、わたしもひと口味わうように食べ始めた。味は、前よりよくなっている気がする。でもなにかが違うような気がした。

「確かに、色葉ちゃんの言う通り。なんというか、味にまとまりがない気がする。それに匂いがきついわね」

そういえば、一皿邸でもコリアンダーを使っているってお姉さんは言ってたけど、あそこのカレーは臭くなかった。

「あれ、蘭ちゃん、もしかして……」

なにかに気づいたように色葉ちゃんが声を上げる。わたしも同じ考えに行きついていた。料理について一番詳しいのは彼女だ。スパイスがいかに大切か、彼女なりに教えてくれていたんだろう。

「もしかしなくても、だな。あれで教えた気になってたんだなぁ」

「そうだね。次はスパイスも調べなきゃ！」

2人の会話を聞きながら、わたしは1人モヤモヤしていた。教えてくれるにしても、あんな言い方しなくてもいいじゃない。わたしの中のモヤモヤは収まらない。それどころか、反骨精神まで芽生えていた。

蘭ちゃんに教えてもらわなくても、スパイスのことは自分たちで気づけた。そう思いたくてなにも言えずにいると、下校のチャイムが鳴り、ハッと我に返る。

「やば！　早く片付けなきゃ！」

「まてまて！　引っ張んなって。うわぁ！」

《ガシャーーーン》

辺り一面に食器類が散乱する。片付けに時間がかかりそうだ。

素直な気持ちで物事を受け入れる

家に帰って、倒れこむようにベッドに入った。でも、なかなか眠れずスマホを見ると、深夜0時をまわっていた。この2日間の出来事が思い出される。

大量に作ったカレーはおいしくできなかった。それにスパイスのことも全然わかってなかった。「はぁー」とため息が漏れる。

いっぱい調べて頑張ってるのに、わたしは自惚《うぬぼ》れていただけかもしれない。でも、大会まであと1か月もないし、全員の意見を取り入れている余裕はない。コゲの問題はどうにかするにしてもベースはいまのレシピのままで……。

「玖実、もしかして、いま妥協しようとしたんちゃうか?」

「えっ!?」

いきなり聞こえた声に叫びそうになるのをすんでのところでこらえる。

「急に出てこないでよ! 心臓止まるかと思ったじゃない」

「はっはっは! おばけちゃうで! ボクです! ブルブルくんです!」

ブルブルくんは「めっちゃビビってるやん」と笑いながらピョコっと立ち上がった。

夜中であることを思い出し、声をひそめてブルブルくんに話しかける。

「夜中にどうしたのよ」

「いや、なんか玖実がブツブツ言うてたからこっそり聞いてたんや。そしたらいまのまま強行突破しようとしてたから、あわてて止めに入ったっちゅーわけや」

「だって、大会までもう時間ないんだよ! 改良するにしても全員の意見を取り入れるなんて無理だよ」

「やからって妥協してもええんか? そんなんでみんなが幸せになれると思うん

か?」

「ううん、思わない」

「せやろ? あきらめたらそこで試合終了やで。あとな、玖実、さっき1か月〝も〟ないって言うてたけど、まだそんだけ時間残ってるやん! まだまだやれることあるんちゃうか?」

ブルブルくんの言っていることはよくわかる。

「でも……」

「でも?」

「味の好みってやっぱりみんな違うし。わたしたち、すごく勉強と研究をしているのに、なにが間違ってるのか、なにが足りてないのかわからないの」

ぽつりぽつりと、ブルブルくんに考えていることを打ち明ける。

「そうかそうか……玖実、ひとつ面白いたとえ話を教えたるわ」

「たとえ話?」

「せや」

ブルブルくんが空中に絵を描きながら話し始めた。そんなこともできるのか。

「人はな、みんなそれぞれ心の中にコップがあんねん」

「心の中に……、コップ？」

「せや。あの、水を飲むためのコップや。それは、人によって大きいコップかもしれへんし、絵とか取っ手がついているかもしれへん。10人いれば10通りある。玖実は自分のコップ、想像できるか？」

「自分のコップ……」

頭に浮かんできたのは、おばあちゃんの喫茶店でわたし専用になっている、お気に入りのマグカップだった。

「そのコップが逆さまに置かれていたとしたら、どうなる？」

「どうって……、なにも入らないよ」

「そう、コップが逆さまやと、水を注がれても受け止めることができひんねん」

ブルブルくんが、コップに水が注がれる絵を描く。

「**【心のコップは上向きにしたほうがええねん。素直な気持ちで物事を受け入れるんや。すると、やがてコップは満たされていって、豊かな心になるんや】**」

ブルブルくんは続けて聞いてきた。

「いま、玖実の心のコップはどうなってる?」

「わたしの心のコップは、逆さまではないと思う。でも、ちょっと傾いてて、水がうまく注げないかも」

「そうか、それは、ちょっともったいないかもな」

わたしも、そんな気がした。

「心のコップを上向きにして、今日あったこと、もう1回思い出してみ」

ゆっくりと、心のコップを上向きにするイメージをして、女子野球部員たちが言ってくれたことを思い出してみる。匂いがきつすぎる、野菜がおいしくない、素材の味……。いままではわたしたちの考えや好みだけで必死に作っていて、まわりの人の意見に耳を傾けたことがなかったかもしれない。

どうすれば、みんなが注いでくれた水がうまく入るのか。どうすれば、みんなが気持ちよく水が入ったと感じてくれるのか。わたしはふうーっと大きく深呼吸し、自分の心の中のコップと向き合った。

わたしたちのカレーの名前は〝Grandma〟

次の日、わたしたちはいつものように教室に集まった。わたしは早速、昨日ブルブルくんに教えてもらった心のコップの話を色葉ちゃんと真吾にも伝えた。

「わたしたちが調べてきたことをもとに、合宿でもらった感想とか意見とか、蘭ちゃんに教えてもらったスパイスのことも取り入れて、レシピを再考しようと思うの」

わたしはノートを手にしながら伝えた。

「そうだね、もっとおいしくしたいもんね」

「前回の大量カレーは大失敗だったからなぁ」

色葉ちゃんも真吾も想いは同じだ。

「じゃあ、さっそくノートにまとめていきましょ！」

オリジナルカレーノートを3人で見返していると、いろいろなお店のリサーチから学んだことでいつの間にかノートがイメージマップで埋め尽くされていた。

「なんか、いつの間にか充実したノートになってきてるよな」

「そうね。こんなにたくさん調べてたのね」

「とはいえ、ここからが問題よね」

神妙な顔で色葉ちゃんが言った。

「そうだよな。これまで得た情報をもとに、俺たちのカレーを完成させなきゃいけないんだもんな」

珍しく、真吾も真面目な表情で悩んでいた。

「そう、そこなのよ。いま、わたしたちの頭と体とノートには6種類のレシピがあるわ。これに、おばあちゃんのカレーを入れると、7種類。それぞれ、よかったところとか、感動したところ、おいしかったところを改めてピックアップしてみましょ！　まずはそこからよ！」

それから3人で改めてお互いのノートを見せ合いっこしながら、いろんな意見を出し合った。

「やっぱり、一皿邸のカレーの旨味はいまでも覚えてるわ」

「あの〝すごく辛い！〟って感じからの爽やかさって癖になりそう」

「結構、具があるのとないのとでもわかれたよな」

「日本のカレーは具が大きいものが多かったよね」

1人で考えるより、3人で考えたほうがいろいろな意見が出て、イメージが広がっていく。そして、3人でここまでやってきて思ったこと、感じたこと、ひらめいたことを話し合った結果、ひとつの答えが出てきた。

「わたしはやっぱりおばあちゃんのカレーが大好きで、ここまできたと思ってる。だから、やっぱり基本は具が大きめの、馴染みのある日本のカレーを作りたい」

「その意見にわたしも賛成！」

「やっぱり、俺らが目指すのは、ばーちゃんのカレーだよな。ここに、スパイスの驚きとかおいしさをうまく取り入れたオリジナルカレーを作れたらいいな！」

「じゃあ、ルーの部分は一皿邸のお姉さんと、蘭ちゃんが教えてくれたスパイスを取り入れてみて……」

「野菜の種類を増やしてさ……」

どんどんアイデアが湧き出てくる。すると突然、真吾が言った。

「そういえば俺、合宿のときに1年生の子が言ってくれたことで気づいたんだけど、やっぱり素材の良し悪しで大きく変わってくるんじゃないかなって」

「素材？」

「そう！　いくら味がよくても素材自体が悪いとおいしくなくなっちまうと思うんだ。だから俺、素材を探しに行ってみるぜ！」

いつにも増して頼もしく思えた真吾に、わたしもスパイスの調合を頑張らなければと奮い立たされた。色葉ちゃんや真吾とカレーについて話していると、わたしたち3人はワンチームになっているなと実感する。同じ目標に向かって行動する仲間として、さらに団結力を高めたいと考えたわたしは、ある提案をした。

「ねえねえ！　そろそろわたしたちも名前を付けない？　蘭ちゃんの〝マリアージュ〟みたいにさ」

「確かにな。星桜高校カレー研究会オリジナルカレーとか？」

「うーん、ちょっと長くない？　言いづらいよ」

「みんなに覚えてもらえるような名前がいいよなぁ」

わたしと真吾がどんな名前がいいか悩んでいると、色葉ちゃんがすっと手を挙げる。

「じゃあ、〝Ｇｒａｎｄｍａ〟とかどうかな」

「グランマ？　なんか、グランドマザーと似てるね。それってどういう意味？」

「グランドマザーは英語で〝おばあ様〟とか、〝祖母〟って意味なんだけど、グランマは〝おばあちゃん〟って意味なの」

真吾が色葉ちゃんの隣で「へえー！」と感心している。なるほど、このカレーにぴったりの名前だ。

「いいじゃん！　それに賛成！」

「俺も！」

わたしたちのカレー〝Ｇｒａｎｄｍａ〟が少しずつ形になっていく。なんだかとてもワクワクした。

玖実たちが描いたイメージマップ③

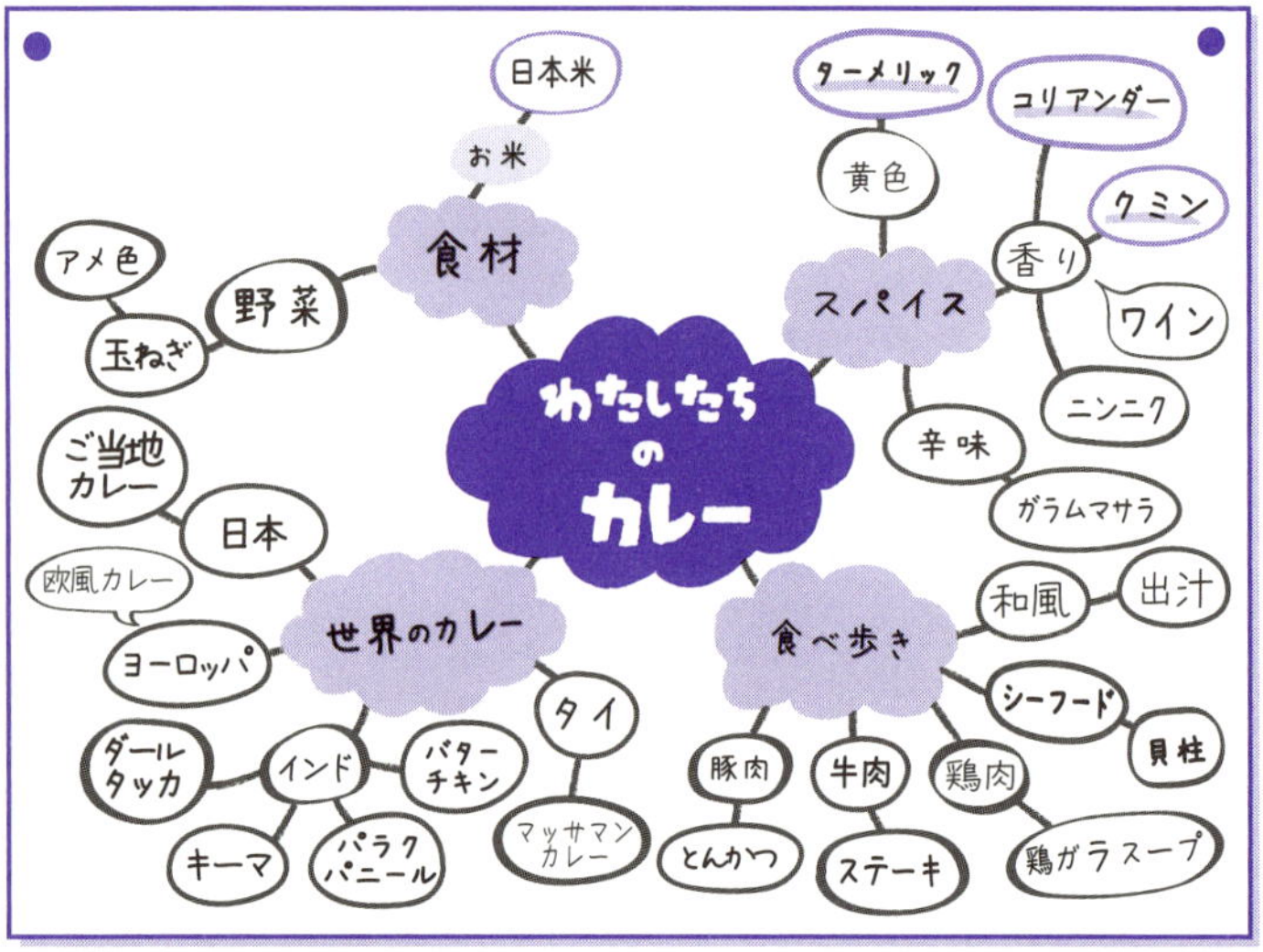

失敗も経験のうちやで。
心のコップを上向きにしてワンチーム
でレシピ再考や！

ブルブルくんの教え

- 人はみんな、心の中にコップがある
- 心のコップを上向きにして、
  物事は素直な気持ちで受け入れる
- コップが満たされていくと、
  心が豊かになる

カクタニ語録④

すべては「好きになる」ことから始まる

何か新しいことを始めるときに、大切にしていることはありますか。人それぞれ、相手の話を聞く、時間に余裕を持つなどを意識しているかと思います。新しいことを始めるときのワクワク感は、なにかを成し遂げるためのエネルギーになります。

わたしは仕事において大切にしている考え方があります。それは、「好きになること」「気づくこと」「常に考えること」「深掘りすること」「継続すること」「共有すること」「進化させること」の7つです。なかでも一番大切なのは、「好きになること」です。

わかさ生活では、新入社員に対して、「まずは商品を好きになってください」と伝えています。なぜなら、自分の会社の商品を好きにならないと、アイデアが広がらないからです。商品を知り、好きになることで、自然と商品知識が身につきます。

そして、自分が感じたことを自分の言葉でお客さまに伝えてもらいます。

会社が用意したセールスコピーを暗記するのではなく、自分の言葉で伝えることで、お客さまに「想い」が伝わりやすくなるからです。

新しい商品が誕生したときは、全スタッフ対象の勉強会を開催しています。商品を企画したスタッフから直接、誕生の想いやこだわり、苦労した点などを共有してもらいます。わたしも含め、参加したスタッフは実際に商品を味わい、試します。なぜなら、自分が試して不合格な商品は、お客さまに売りたくないからです。

好きになって気づいたことを改善できるようになると、社員や会社の成長につながっていきます。仕事に限らず人間関係や趣味などでも、「好きになること」を意識すると、別の将来、風景が見えてくるはずです。好きになって「ワクワク感」が生まれると、すべてうまくいくようになります。

第5章

本物との出逢い

本物の食材を探して

暑さの厳しい8月初旬、わたしと色葉ちゃんは、商店街の入り口前で真吾のことを待っていた。

「食材のことで相談したいことがある。明日の朝8時に洛央商店街の入り口前集合。絶対遅れんなよ！」

どうやら、何か進展があったようで昨日の夜、急に連絡が来たのだ。そんなわけで色葉ちゃんと2人、指定の場所で真吾を待っている。しかし、肝心の本人が来ないではないか。約束の時間を5分ほどすぎていた。

「真吾……呼び出しておきながら遅刻するってどういうことよ。大会までもう日にちがないってのに！」

「まあまあ、玖実ちゃん。きっとそのうち来るよ」

なんて色葉ちゃんは言うけど、こうも暑いとイライラしてしまうのが人間だ。わたしたちをジリジリと太陽が照り付けている。色葉ちゃんになだめられながら待っていると、遠くから真吾の声がした。

「玖実ぃ～！　色葉ちゃ～ん！　お待たせ！」

声のほうを見ると、ワゴン車の助手席の窓から手を振る真吾がいた。

「んん⁉」

目の前に砂煙をあげて止まる見覚えのあるワゴン車。運転席には喫茶こよみの常連客の1人、洛央商店街にある青果店店長の若菜さんが乗っている。

若菜さんとともに颯爽と登場した真吾は、助手席のドアを開けるや否や叫んだ。

「いやー遅れてわりぃ！　じゃ、早速行こうぜ」

「行こうぜって、いったいどこに？　というか、なんであんた、若菜さんの車に乗ってるの？」

突然の展開についていけないでいると、真吾はさも当たり前のように言った。

「どこって、カレーの食材調達に決まってるだろ」

わたしたちは車に乗るように促され、ワゴン車のドアを開けた。すると、後部座席には牛尾さんと米川さんがニコニコ笑って座っていた。

「よぉ、玖実ちゃん！　遅れてすまんね！　若い子とドライブなんて久しぶりだからな。つい張り切って準備してきちまったよ。わっはっは！」

牛尾さんは豪快に笑う。

「色葉ちゃんも久しぶりだねぇ～」

やわらかく笑って挨拶をしてくれる米川さん。わたしと色葉ちゃんはこれからなにが起こるのか想像もつかなかった。

気がつくとワゴン車は田舎道を走っていた。左右には田んぼが広がり、遠くには見渡す限り山が続いている。信号機も横断歩道もない。詳しい話を聞くとこうだ。

女子野球部の合宿のときに聞いた「野菜の味がイマイチ」という感想を真吾なりに考えて、自分たちで実際に見て現地調達できるように、若菜さんたちに掛け合ってくれていたらしい。

「なるほど。だから農家さんに頼んで、現地調達ってわけね」

「すごいね、真吾くん」

色葉ちゃんが真吾を褒める。真吾は顔を赤らめて照れているようだ。

「いや～しかし、真吾くんたちは面白いことを考えるねぇ」

運転席から若菜さんが声をかけてくれた。

「突然、真吾くんが『本物の野菜を教えてください！』って店に来たときは、いったい何事かと思ったよ〜」

そう言うと、若菜さんは「あっはっはっは」と笑う。

「でも、話を聞くと納得だよね。高校生なのに、料理に対してそんなに向き合う子なんて、なかなかいないよ」

真吾の真剣な姿を見た若菜さんが「じゃ、僕が知ってる中で一番おいしい野菜を作る農家さんのところ、行ってみよっか？」と車を出してくれることになったのだ。すると、その話を聞いていた牛尾さんが付け加える。

「その話を喫茶こよみで集まったときに聞いてよ。そういうことならって思って俺たちもついてきたわけよ」

「玖実ちゃんも水臭いよな〜。俺たち毎日喫茶こよみにいるんだから協力させてくれよな〜！」

米川さんもうんうんと頷きながら聞いている。

自分で直接見て体験することが大事

そうこうしているうちに、若菜さんはある農家の前で車を停めた。

「着いたよ。ここが、ウチで一番いい野菜を作ってくれてる農家さんだよ」

ビニールハウスがたくさん並んでいるところを抜けた場所に、古い民家があった。

「農家の人を呼んでくるから、ちょっとここで待っててな」

そう言って、若菜さんは民家のほうへと向かって行った。

「わたし、こんなに広い畑初めて見た！」

わたしは少し感動しながら改めて辺りを見回す。

「わたしも！　ここまで来る道でも田んぼがいっぱいあったよね」

見慣れない景色に色葉ちゃんも少し興奮しているようだ。

「若菜さんから話は聞いてたけど、俺も実際に来るのは初めてだな。なんかドキドキしてきた」

興奮気味なのは真吾も同じようで、ずっとそわそわとしている。そんなわたしたちの様子を見ながら牛尾さんと米川さんが笑っている。

「まさかこんな新鮮な反応が見られるとは思ってなかったなぁ」

腕を組みながら喜んでいる牛尾さんに米川さんが続ける。

「でも、驚くのはまだ早いよ。これからもっと体験してもらうことがあるからね」

そんなことを話していると、若菜さんが農家の人を連れて戻ってきた。農家のおじいちゃんとおばあちゃんは朗らかな笑顔で迎えてくれた。

「ほぉ〜、その子たちかい？　ワシらの話を聞きたいってぇ子どもらは。いまどき珍しい子だねぇ〜」

「初めまして。俺、和多部真吾って言います。本日は急なお願いを受け入れてくれてありがとうございます。今日一日お世話になります」

真吾が前に出て挨拶をする。普段はチャラい印象が強く、調子のいいことしか言わないヤツだが、意外とこういうときはしっかりしているのだ。真吾に続き、わたしと色葉ちゃんも挨拶をする。

「香坂玖実です。今日はよろしくお願いします」

「黄崎色葉です。お忙しい中ありがとうございます。よろしくお願いします」

「3人とも礼儀正しいねぇ。ささ、外は暑いだろう。上がっていってよ。おまえ、お茶入れてあげて」

「はぁい。さあ、こっちへいらっしゃい。すぐに冷たいお茶を持ってきますからね」

「「「ありがとうございます！」」」

わたしと色葉ちゃん、真吾の声が重なる。３人とも喉が渇いていたのだ。いくら車の中は涼しかったとはいえ、外の気温は変わらない。車外に出たわたしたちの体にはじっとりと汗がにじんでいた。わたしたちは意気揚々とついて行った。

初めて知った野菜本来の味

農家の人たちは、わたしたちを歓迎してくれた。お茶を飲んだあと、畑に案内してくれて、食べ方、知識、想いなどを聞かせてくれた。なかでも農薬についての話は特に興味深かった。

「玖実ちゃんたちはスーパーで野菜コーナーを見たりするか？　そのとき、どんなことを意識して野菜を選んどる？」

「そうですね……。やっぱり色や形、大きさを気にすることが多いです」

「そうかそうか。じゃあなんでスーパーにある野菜は形が全部きれいで、虫食いがねぇと思う？」

農家のおじいちゃんが、首にかけたタオルで顔を拭きながら尋ねる。その問いにわたしたちはう～んと考え込んでしまった。すると、おじいちゃんはにっこり笑って説明してくれた。

「正解はな、農薬を使っとるからだよ」

「そっか、だからあんなにきれいなんですね」

「確かにねぇ……。農薬を使えば、形がよくて虫もつかないきれいな野菜が作れる。農薬を使うのが悪いとは言わねぇが、虫も食わんような野菜を人間が食べるってのも変な話だろ？」

言われてみると確かにそうだ。いままで意識してなかったけど、考えてみると不思議な話である。

「形がいびつでも、ちゃんと栄養を吸って育った野菜は、野菜本来の甘味が引き出される。だから肥料を土に混ぜて、野菜に必要な養分や水分をしっかり吸収できる状態で、愛情込めて育ててるんよ。それ以外にもなぁ、化学肥料で育った野菜は色も味も落ちるんよ。だから、ワシらは無農薬栽培にこだわっとる」

そう言いながら、おじいちゃんは慣れた手つきで畑からにんじんを一本抜いた。そばに備え付けられた水洗い場で土を洗い流すと、ぽきりと折ってわたしたちに差し出した。

「このまま食べてみな?」

「えっ! 生で食べるんですか? 皮つきで?」

「大丈夫、大丈夫。1回試しにかじってみな」

おじいちゃんに言われて恐る恐るにんじんを食べてみると、ぱあっと甘さが口の中に広がる。噛むたびに、みずみずしさを感じた。それに、土……というか、大地の香りがする。

「これが本物の野菜の味なんだ……」

自然とそんな言葉が出てきた。色葉ちゃんとわたしが話を聞いている間、必死にノートに書き込んでいた真吾にも手渡した。

「真吾も食べてみなよ! このにんじん、すごくおいしいよ!」

真吾はなぜか、しぶしぶといった様子で渡されたにんじんを小さくひと口かじった。

しばらくすると、真吾がバッと顔を上げて目を輝かせながら言った。

「甘ぇ〜！　めっちゃうまいっすねこれ！　俺、正直にんじん苦手だったんすけど、これなら余裕で食えます！」

「そうかいそうかい。そりゃあよかった」

若菜さん、牛尾さん、米川さんもうんうんと頷きながらにんじんをかじっている。

畑を見てまわったあと、農家のおばあちゃんがいろんな野菜料理を振る舞ってくれた。採れたての野菜はどれもみずみずしくて、味付けしすぎない調理方法が野菜の旨味をより引き出している。わたしたちは出された料理を次々と平らげていった。

「なるほどなぁ。本物のカレーを作るために、本物の食材をね。それでウチに来てくれたって、光栄だねぇ」

「じゃあ、カレーに合うじゃがいもが2種類あるって知ってるか？」

若菜さんに聞かれてすぐに答えられなかった。いろいろ調べたつもりだったが、まだ知らないことだらけだ。

「じゃがいもはいろんな種類があるけど、カレーに合うのはメークインと男爵《だんしゃく》いもだよ」

そう言って、実際にメークインと男爵いもを持ってきてくれた。見た目は少し違うが、それ以外の違いはまったくわからない。

「なにが違うんですか？」

真吾が不思議そうに若菜さんに質問する。

「メークインは形が崩れにくいから、じっくり煮込んでもゴロゴロのままで残るんだよ。男爵いもはホクホクしていて、いものおいしさが引き立つから、両方入れるのもおすすめだよ」

なるほど、たかがじゃがいもと思っていたが、種類によって合う合わないがあるのか。その後、わたしたちが聞きたかったこと、やりたいことを伝えると、みんなすごく楽しそうに聞いてくれた。

丹波牛と丹波米、丹波の天然水

新鮮な野菜料理に舌鼓を打っていると、牛尾さんが玖実に聞いてきた。

「野菜は若菜んとこで揃うからいいとして、肉は何を使うんだ？」

「豚肉を煮込んでポークカレーにしようと思ってたんですけど……。いまいちインパクトに欠けるんですよね」

「なら1回、メインに丹波牛《たんばぎゅう》を使ってみたらどうだい？　ポークもいいがビーフも部位によって味や食感が違うんだぜ」

「ビーフ!?　俺、ビーフ好きなんだよな。カレーに入れるなら、どんなのが合いますか？」

「そうだなぁ、脂身が多くてジューシーなのはサーロイン、甘味のある脂身と濃厚な味ならロース、脂身の少ないさっぱりした赤身ならヒレだな。せっかくいい肉を使うなら、煮込むよりステーキにして上にのせてもいいんじゃねぇか。肉の味がたっぷり楽しめるぜ」

聞いているだけで、ヨダレが出てきそうだ。絶妙なタイミングで台所からお肉の焼けるいい香りが漂ってくる。

「お、ちょうど焼けたみたいだな。玖実ちゃんたちに試食してもらおうと思って、持ってきたんだ。ま、百聞は一食にしかずだ。食べてみな」

ほどなくして、テーブルに3種類のステーキが運ばれてくる。なんて豪勢なんだ。

「「いっただきまーす！」」

わたしたちは一斉にお箸をのばした。

「うわ！　口の中でとろけるー」

「こんなジューシーなお肉食べたことない！」

「うんめー！　特に、これ！　味わい深くて最高！」

「お、嬉しいね！　そいつは丹波牛の赤身ロースで、カレーとの相性も抜群だぜ」

牛尾さんが得意げに言う。

「最高！　これにしようぜ！」

真吾が興奮気味に反応する。現金なやつだ。

「ぜひ、お願いします！」

そう言うと、牛尾さんは腕が鳴ると、丹波牛を手配してくれることになった。その様子を見ていた米川さんも負けてられないね～と提案をしてくれた。

「じゃ、僕はカレーと丹波牛に合う丹波米と丹波の天然水で協力しようかな。相性いいと思うよ。丹波は雲海《うんかい》と三尾山《みつおさん》の地下水によって、澄んだ軟水になっていておいしいんだ」

「軟水？」

色葉ちゃんがポツリとつぶやく。

「水に軟水と硬水があるのは知っているかな？」

聞いたことはあったが、詳しくは知らなかった。そんなわたしたちの表情で察知した米川さんが続ける。

「料理には軟水が向いてるんだよ」

「それに、カレーを作るのもご飯を炊くのにも、いい水は必須だろう？　いっぺん飲んでみな、全然違うからビックリするよ」

いただいた水をひと口飲んでみる。

「え！　いつも飲んでるペットボトルの水と全然違う！　すごく飲みやすい！」

暑さで喉が乾いていたこともあって、わたしは大きな音を立てて水を一気に飲み干した。

「いい飲みっぷりだね～」

「すごく飲みやすいですね。わたし、お水って飲みにくくて。お腹もすぐ膨れちゃうし」

色葉ちゃんもコクコクと味を確かめるように飲んでいた。

「この軟水はとても小さい水の分子でできてるから、吸収されやすいんだ。だからお腹もタプタプにならないし、体にもいいんだよ。お米の中にも入りやすくて炊いたときにホクホクのご飯になるよ。あと、カレーにもいい水を使うといいよ。臭みがなくなっておいしくなるんだ」

そういえば、いままで水について考えていなかったことに気づいた。素材にこだわると言っておきながら、まだまだ見落としていることばかりだ。

「水も大事だけど、お米も産地によって味が違うんだよ。お米は粘り・甘味・ツヤが命だからね。おいしいお米がとれるのは、きれいな水が豊富にある、水はけがよい、昼夜の寒暖差が大きい、この3つの条件が揃う場所だから、米を選ぶ際には産地が重要なんだ。丹波は四方を山で囲まれた盆地で、昼夜の温度差があるから、上質な米作りにはもってこいの土地なのさ」

普段食べているお米にもこれだけのこだわりがあるなんて。実際に自分たちの目で見て味を確かめているからこそ、自信を持って提供できるんだろう。わたしたちが作る〝Ｇｒａｎｄｍａ〟カレーもそうでありたいと改めて思った。

「さ、ご飯もいっぱい炊いたからね」

米川さんが持ってきてくれたお米で炊いたご飯を農家のおばあちゃんがよそってくれた。ツヤツヤと光ってひと粒ひと粒がふっくらしている。

「えっ甘い！」

ご飯をひと口食べてわたしたちは驚いた。お水とお米がいいとこうも違うのか。わたしたちは、教えてもらったことをノートに書き込みながら、農家の人たちが振る舞ってくれた手料理を堪能した。

「今日は、本当にありがとうございました！　料理、おいしかったです。お話もとっても勉強になりました」

３人でお礼を伝え、若菜さんのワゴン車に乗り込んだ。

帰り道、若菜さんや牛尾さん、米川さんが食べ物の「うんちく」を話してくれた。

特に印象に残ったのは「食」という字のこと。食という漢字は「人」と「良」という字でできている。

「人は〈良〉い物を食べんとダメだよ。じゃあ、その〈良〉い物っていったいなんだと思う？」

「ステーキとか寿司とか……」

若菜さんの問いに真吾が答えると、後部座席に座っていた牛尾さんが助手席に座る真吾の後頭部を軽く叩いた。

「バカ、そうじゃないだろ！」

「ミネラルやビタミン、それにカルシウムなどが含まれた栄養バランスに富んだものでは……」

色葉ちゃんが答えた。

「お、かしこい子だね」

牛尾さんの隣に座っている米川さんが褒めている。

「そうか！」

わたしは気づいた。カレーの中に溶け込む野菜や肉、それに水も味を決めるとっても大切な存在。良質な野菜や肉、お米、水を選ぶのはとても大切なことなのだ。

心のコップを上向きにしたことで、わたしはたくさんのことを自分のコップに注ぐことができたのだった。

見えてきた〝Grandma〟カレーの完成形

大会まであと1週間。

喫茶こよみで大会に向けたカレーの練習を始めようとしていると《カランコロン》と軽快にドアが開いた。

「お～！　やってるな～」

大きな箱を持って若菜さん、牛尾さん、米川さんが入ってきた。

「玖実ちゃん、こないだ頼まれてたもん持ってきたぞ」

そう言って机の上にそれぞれが持ってきてくれた素材を並べる。みずみずしい野菜たち、おいしそうなお肉、そしてお米と水。

「聞いてたレシピで使うのはこの食材だったよな」

「俺たちが〝おいしい〟を厳選してきたから、これを使ってくれ。お金のことは気にすんな。これは俺らのおごりだからよ！」

「玖実ちゃんたちが頑張ってる姿を見て、俺たちもなにか協力したいと思ってたから嬉しいよ」

3人はそう言いながら、「ガハハっ」と笑っていた。

「若菜さん、牛尾さん、米川さん、本当にありがとう！」

「早速、この食材たちで作るね」

「でね、もうひとつお願いがあるんだけど……」

わたしたちは、3人に素材を活かした調理方法を教わりながら作り始めた。色葉ちゃんは横で3人の話をノートに書いてくれている。そうして完成したカレーをみんなで食べてみた。

「これ、いままでと全然違うんじゃね？」

「うん、野菜の甘味も感じるし、お米もいつもよりツヤツヤしてるね」

色葉ちゃんと真吾もビックリしている。

「本当だ……」

同じレシピなのに、いつもの2倍くらい時間がかかったし、味も全然違った。すごい……これが【本物志向】か。驚くわたしたちを見ていた若菜さんがある提案をしてくれた。

「実はもっと甘い玉ねぎがあるんだよ。〝ペコロス〟って言うミニ玉ねぎなんだけど、通常の玉ねぎの糖度が9度なのに対して、ペコロスはなんと11度！　これを玖実ちゃんたちのカレーに使ってみないか？」

さらに甘い玉ねぎがあるとは驚きだ。うまく取り入れることができれば〝Grandma〟カレーの強い武器になるかも。そう考えたわたしは、若菜さんの提案を受け入れることにした。

そうして本物の食材が揃った。〝Grandma〟カレーが完成に近づいている。でも、まだ解決していない問題がある。一番難しいスパイスの調合だ。

わたしはスパイスの入った瓶をぎゅっと握りしめながら、絶対に調合を完成させてみせると改めて決意を固めた。

玖実たちが描いたイメージマップ④

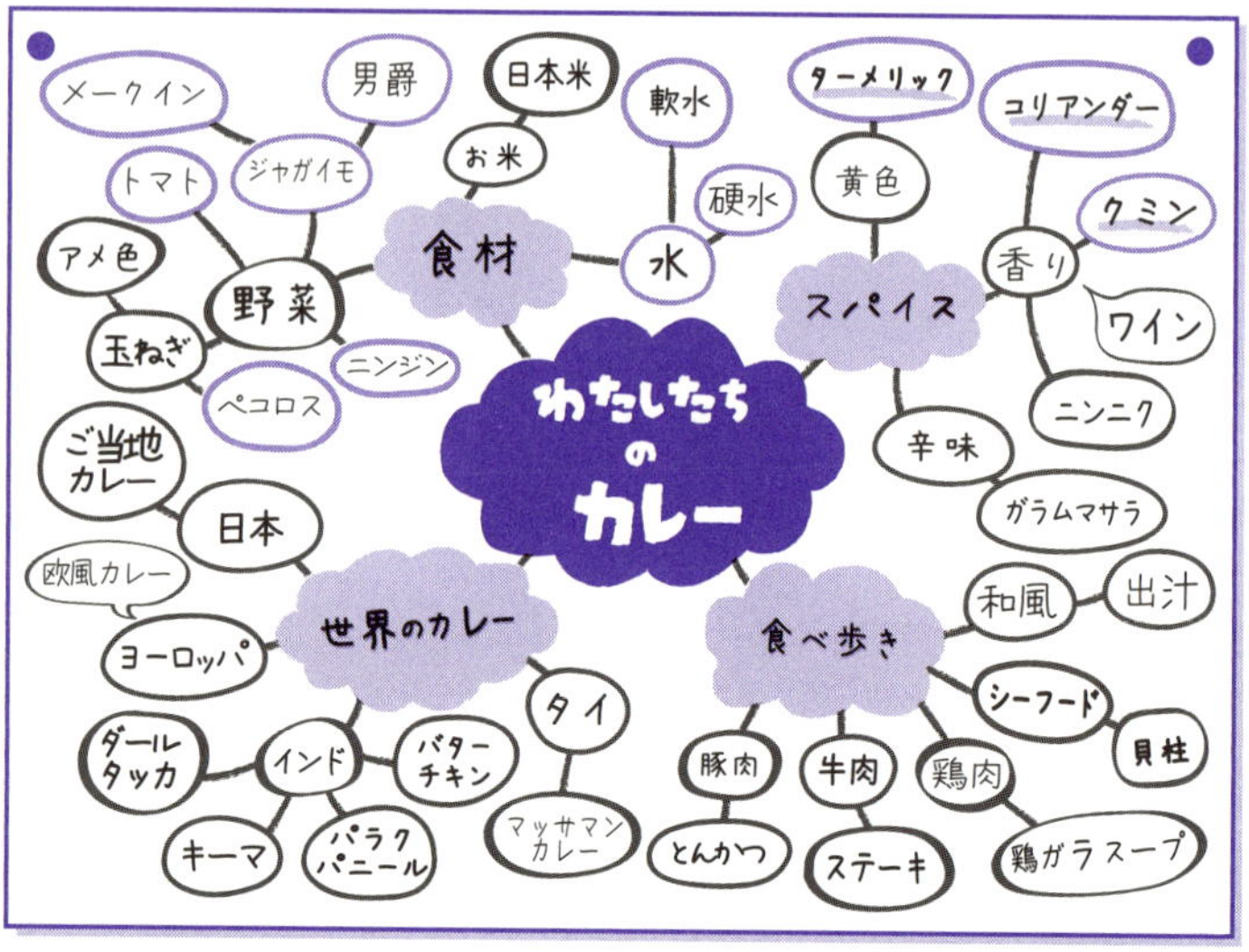

いろんな人からアドバイスもらえてよかったな。あとはスパイスを完成させるだけやな。ラストスパートやで～！

ブルブルくんの教え

- 食材や調理法にこだわることで、完成度が上がる

- 自分で直接見て体験することが大事

- 本物志向を貫くことで、よりよいものを生み出せる

カクタニ語録⑤

成功につながる3つの視点

成功するためには、多角的な視点が必要です。わたしは、「鳥の目」「虫の目」「魚の目」という3つの視点を持つといいと思っています。この3つは物事を捉える視点を説明するものとして、とてもいい示唆を与えてくれます。

まず、「鳥の目」は、高い所から全体像を見る視点を指します。鳥が空を飛び、高い位置から物事を俯瞰するように、全体像を把握します。ある商品の企画からお客さまのもとに届けられるまでの全体像を見渡すことが「鳥の目」です。

次に、「虫の目」は、小さな虫が持つような細部まで見る視点を指します。ある商品についての知識を細かく学び、それを商品開発に活かすことが「虫の目」です。この視点は、細かな部分に注意を払い、徹底的な理解を求めるものです。

そして、「魚の目」は、水のうねりや流れを見る視点を指します。魚は水中で体全体を使って流れを読むように、時代の流れやお客さまの志向など、形が定かでないものを見つめるときに重要です。

このように、「鳥の目」「虫の目」「魚の目」は、それぞれ異なる視点を表していますが、これらをバランスよく持つことが成功への道につながります。特にいまの世の中は、ひとつの視点で物事の本質をつかむことが難しいため、異なる視点を持つことが重要なのです。

この3つの視点を持つと、より深い理解や洞察につながります。ぜひ、これらの異なる視点を意識して、ビジネスや日常生活に活かしてみてください。視点や考え方を変えることで、見えなかったものが見えてきたりします。あなたを変えるヒントになるはずです。

第6章

ワンチームで目標を達成する

スパイスが完成しない焦り

わたしは喫茶店でいつものようにスパイスの調合をしていた。でも、いまだにうまくいかないままだった。壁に張られたポスターとカレンダーの「18」に大きく付けられた丸印が目に入る。大会まで、あと1週間を切っていた。

みんなで頭を悩ませていたが、調合を担当しているのはわたしだから、早く完成させなきゃと焦る気持ちが日に日に増していく。調理台に並べられたスパイスたちと睨み合いをしていると、後ろから真吾に声をかけられる。

「なあ、玖実。スパイスの調合どうだ?」

ドキリと心臓が大きく動くのがわかった。

「まだできてない……。もう少し調整しないと」

申し訳なさで目をそらしながら答えると、真吾はほんの少しだけ眉をひそめながらこぼした。

「マジかよ……」

「ごめん、時間がないのはわかってる! 絶対完成させるから!」

「玖実ちゃん……」

「……」

「大会までもう1週間ないんだぞ！　みんな焦ってる。あとはこのスパイスだけ。これさえ仕上がればレシピは完成する。このカレーには、いままでのみんなの想いが詰まってる。失敗は許されない。

「そんなこと……わかってるわよ！」

本当は当たりたくないのに、思わず真吾に強く言い返してしまう。そんな自分に不甲斐なさを感じる。

「ごめん、頭冷やしてくる」

なんとなく、その場に居づらくなり、外に出ようと喫茶こよみの入口へ向かった。アンティーク調のおしゃれな取っ手に手をかけ、そのままぐっと引いた。ドアが開き、鳴ったベルは《ガランコロンガラーン》と、いつもより鈍いような気がした。

ライバルからのアドバイス

外には夕暮れの商店街が広がっていて、店内の明かりが、わたしの影を作って出迎えた。ドアがゆっくり閉まると、夏のなまぬるい風が頬を撫で、ヒグラシが「カナカナカナ……」と鳴き始めた。商店街の向こう側から、「夕焼け小焼けの赤とんぼ」が聞こえてくる。なんだかいま、世界に自分一人みたいで、少し寂しくなった。

わたしの頭はどんどん下がっていって、やがてうつむいてしまった。そのときに見えた手の中には、どれだけ調合してもうまくいかないスパイスの入った瓶が握られていた。

「香坂さん？」

ふいに聞き慣れた声がした。嫌というほど聞いてきた切れ味鋭い声。わたしは驚いて顔をあげる。そこにいたのはやっぱり、蘭ちゃんだった。

「え？　ああ、蘭ちゃん。どうしてここに……」

反射的にこぼしてしまった。

「それはこちらのセリフですわ。あなた、こんなところでなにをしていらっしゃるの？」

その言葉で、「はっ」とまわりを見回すと、そこは蘭ちゃんのお店グランメゾン錦野の前だった。石積みの壁に、白を基調としたシンプルな外観が魅力的なきれいなお店が夕映えで一層際立っている。わたしはいつの間にか、喫茶店からここまで歩いて来たらしい。

「あ、あれ？　え、えっと、えぇ～～っとぉ……」

答えに戸惑い、目が泳いでしまう。

「あなた、大会の準備はよろしいの？　ご自慢のレシピは完成したのかしら？」

蘭ちゃんは、「ふん」と鼻で笑って不敵に笑う。「びくっ」とあからさまに体が強張《こわば》ってしまう。

いつもならここでなにか言い返していただろうが、それどころじゃなかった。大会、本番、レシピ、完成……。その単語を聞いて、わたしは焦りから手に持っている瓶を隠すように握りしめた。蘭ちゃんは、そんな一連の行動を見逃さなかった。

「まあ、いいですわ。いま聞かなくても当日わかることですし。それで、研究会の方がじきじきになにをされに来たんですの？　偵察？　食材の横取り？　それともただの邪魔かしら？」

「ていさつ……？　う、ううん、違うよ！　お店でずっとスパイスの調合をしていたから、外の空気を吸いに来ただけ」

「あら、そう。わたくしはてっきり、スパイスの調合の仕方でも聞きに来たのかと思いましたわ」

「そ、そんなことは……」

自然と手に力がこもる。暑さのせいか、やけに汗が止まらない。なにも言わなくなったわたしに、そら見ろと言わんばかりのあきれ顔をした蘭ちゃんは、少し間を置いて、右手をわたしの目の前にバッと突き出した。

「よこしなさい」

「……ええッ!?」

「わたくしが味見をしてあげると言っていますのよ。いいから、その瓶をよこしなさい」

そう言うや否や、蘭ちゃんはわたしが隠した手からひったくるような形でスパイスの入った瓶をさらい、調合したスパイスを少しすくってから口にふくんで言った。

「バランスが悪いわね」

「え……」

なんとなくわかってはいたが、発せられた言葉はまるでトゲのようにわたしの心に突き刺さった。心なしか声色もさっきより冷たい。いつもの蘭ちゃんとはまるで違う雰囲気だった。わたしはいまにも泣きそうな顔で蘭ちゃんをじっと見つめる。

「調合したのは3種類かしら？　あの日、わたくしが教えてさしあげた知識を取り入れているのは褒めてあげますわ。でも、少なすぎると逆に粗が目立ちやすいのよ」

「じゃあ、どうすれば……」

自然と答えを求めてしまった。蘭ちゃんは同い年でもプロの料理人だから、スパイスのことも詳しい。そんなわたしの様子を見て、蘭ちゃんは「はあ……」と、わかりやすく大きなため息をついた。

「なんでもかんでも、わたくしに聞かないでくださる？　全部あなたなりに調べたんでしょう？」

わたしの言葉を拒むような言い方だった。その言葉が引き金になり、我慢が利かず、わたしの目から大粒の涙があふれていく。

「でも、でも、どうしてもうまくいかない……できないのっ！」

「……」

「色葉ちゃんも真吾も、明日の大会に向けて頑張ってるのに……。わたし、わたしだけなんにもできてない」

「どうしよう……」と何度もつぶやきながら、蘭ちゃんの前で泣きじゃくる。しばらく蘭ちゃんは黙って聞いていたが、またひとつため息をつくと口を開いた。

「あなたらしくありませんわね」

「……」

「調子が狂いますわ」

なにを言われても涙は止まらない。どうすればいいか、わからない。そんなわたしをしばらく見つめたあと、蘭ちゃんは若干、語気を強めてわたしの名前を呼んだ。

「香坂さん。もっと単純に考えなさい。シンプルでよくてよ。あなたが選んだものに間違いはないわ」

「シンプル？」

「研究熱心なのはよいことですけれど、考えすぎはよくないですわ。あなたの悪いところね」

そう言いながら蘭ちゃんは「ふっ」と笑みをこぼす。いつもの不敵な笑みではない、やわらかくて、初めて見る顔だった。

「わたくしが料理人として、特別にアドバイスをさしあげます」

いきなりの展開で困惑する。涙はいつの間にか止まっていた。

「え！　えー!?」

「返事をなさい！」

「は、はい！」

わたしは、「ビシッ！」と効果音が付きそうなほど背筋を伸ばす。

「よろしい。中にお入りなさい。それと、アドバイスは一度しか言いませんわよ。よく聞くことね」

蘭ちゃんはそう言うと、グランメゾン錦野の大きなドアを開けた。

《チリンチリン……》

おばあちゃんのお店とはまた違うドアベルが店内にこだました。「足元にお気をつけて」と、わたしの手をとってくれる蘭ちゃん。まるで漫画に出てくる王子様みたいだなんて、柄にもなく思ってしまう。

お母さんやおばあちゃん以外と手をつなぐのは初めてで、なんだか妙にドキドキしてしまう。いつの間にか緊張で手汗がすごいことになっていた。蘭ちゃんはお構いなしにしっかりと握っている。

「あれ？　蘭ちゃん……」

「なにかしら？」

「手、どうかしたの？　なんかすごく硬いけど……？」

握ってくれた蘭ちゃんの掌は、女子高生とは思えないほど硬い。よく見ると、腕も細いけどしっかりしていて、筋肉質だ。

そういえば、数か月前に初めてカレーを教わったときのおばあちゃんの腕も、重たい食材を運んでくれた若菜さん、牛尾さん、米川さんもしっかり筋肉がついていたし、マメもたくさんできていたような……。

「ちょっと香坂さん……そんなにまじまじと見ないでくださる？」

考えながら、彼女の掌を穴が開きそうなほど凝視していると、蘭ちゃんに制されてしまった。

「ねえ、蘭ちゃん。それってもしかして……」

「なんでもないですわ。あなたが気にしなくてもいいことよ」

かぶせるようにして遮る蘭ちゃん。相変わらずツンとした言い方だ。さっきまでの優しい雰囲気はどこへやら。でも、さっきより冷たい声色じゃない。思わず笑ってしまった。

蘭ちゃんのあの手はたぶん、幼いころから料理をずっと続けてきた証だ。努力を惜しまず、夢に向かってひたむきに頑張ってきた証。

「かっこいいね、蘭ちゃん！」

「き、急になんですの!?」

あわてて振り返った蘭ちゃんの顔は、少し赤くなっているように見えた。中に入ると、丁寧に拭きあげられたテーブル席に案内され、座るように促される。石積みの壁に打ちつけた木製の棚には、お店で出す用のワインボトルやスパイスがずらりと並び、ほかにもシルバーや陶磁器などが飾られている。

わたしたちは、お互いに向き合って座る。そして、蘭ちゃんはひと息ついて話し出した。

「わたくしが今回の大会で使用するスパイスは、30種類のスパイスを調合したものですわ。父が普段から常用している50種類のスパイスをお手本にしましたの」

蘭ちゃんは、続けてスパイスの説明を始めた。

「50種類のスパイスを使ったカレーは、とても贅沢ですわ。ごちゃごちゃしそうに思えても、それぞれのスパイスが少しずつ役割を果たし、深みのある風味を出しますの。食べる瞬間、前味、中味、後味で、それぞれ異なる風味が感じられ、ユニークな味わいが楽しめますわ」

蘭ちゃんの話によると、50種類のスパイスを使ったカレーの魅力は、なんと言っても「贅沢な香り」。インド、スリランカ、中東、東南アジアなど、世界中のスパイスをブレンドすることで、国際的なカレーが楽しめ、抗酸化作用や消化促進といった健康効果も高まるそうだ。

「ホールスパイスはテンパリング、パウダースパイスは焙煎」

玖実が「ホール？　パウダー？　テンパリング……？」と、さっぱりわからないといったふうにつぶやく。

「ホールスパイスは、油で炒めることで香りを引き出すテンパリング、パウダースパイスは焦がさないように乾煎りすることで香ばしさを加えますの。そうすることで香りが長持ちしますわ。ホールスパイスはスパイスそのままの形、それを挽いて粉状にしたものがパウダースパイスよ。スパイスは量が大切。特定のスパイスが強くならないようにバランスをとることが重要なのは、前にも説明しましたわね」

そして、蘭ちゃんは、おもむろに取っ手の付いた白い陶器製の容器を取り出してきた。

「これが、前に言っていたスパイスかあ」

玖実が興味津々に眺める。容器の中には、豊かな香りのスパイスが半分くらい入っている。料理を一品作るごとに、それぞれに合った調合をするらしい。

「もう少し調合をしてもよかったのですけれど、父と同じように何十種類も混ぜ合わせるのは手間ですし、なにより難しいですわ。香坂さんにはすべて用意するのも無理がありますしね。ですから、わたくしがあなたの選んだ3種類のスパイスを使って調合しますわ。あなたはそれを覚えなさい」

「えっ、覚えるの!?」

「ええ、そうよ。さっきみたいに〝できない〟とは言わせませんわ。やるのよ!」

「わかった、やるよ。頑張る！」

蘭ちゃんはいつもの不敵な笑みを浮かべると、コリアンダー、クミン、ターメリックを持ち出し、机の上に静かに置いた。そばの小窓には、玖実の真剣な表情が映り込んでいた。

人は同じ目標に向かって動くとき、すごい力が出せる

大会前日、最後の練習を終え、帰宅後すぐにベッドに倒れこむと、さっそくブルブルくんが話しかけてきた。

「いやー、今日もほんまにお疲れさまやな、玖実！」

「えへへ、ありがと」

「玖実、カレー作りを始めてから今日までよう頑張ったな。この調子やったら明日も心配いらんな」

「いや、ここまでこれたのはブルブルくんと、みんなのおかげだよ」

心の底から、そう思う。

「いや〜、んなことないで。あのカレーと、みんなの笑顔は、玖実が生み出したんやで」

ブルブルくんが真剣な目で続ける。

「玖実と、色葉ちゃん、真吾、商店街の人たち、農家の人たち。みんな、同じ夢を叶えようとするワンチームになってる。それは、玖実の力でできたチームなんやで。**【人は同じ目標に向かって動くとき、すごい力が出せる】**もんなんや」

「ブルブルくんがいろいろ教えてくれたおかげだよー」

「いや〜……って、こんなんしてたら無限ループなるわ！　もう、ボクのおかげってことにしとこ！　ボクやで！　ボクがすごいんや！　ははは！　褒めてくれてええで！」

「あはは！」

ブルブルくんは、いつも笑わせてくれて、心を軽くしてくれて、たまに大切な言葉をくれる。そんな気持ちのいい存在だ。

「ねぇ……ブルブルくんは、なんでわたしの前に現れてくれたの？」

「ボク？　ボクは玖実のお手伝いに来たんや」

「お手伝いって、なんの？」

「なんのって、玖実、悩んでたやん。カレー作りがうまくいかなかった。〝本物のカレー〟をおばあちゃんに食べてもらいたい。そして、喫茶こよみを、わたしが継ぎたいってな」

「そんなことまで、わかってたの？」

「ボクはな、大きな夢とか、人のために何かしたいとか、あったかいエネルギーがグルグルしてるところに吸い寄せられるんや。そのとき、ざーっくり話がわかんねん」

「ズルい能力……」

「あはは、メルヘンパワーは伊達ちゃうで。せやけど玖実のことちゃんと見てたし、これからは自分の力でできる。ボクからもう教えることはあらへんな」

「教えることはないって、もしかして、もうブルブルくんは……どこかに行っちゃうの？」

「いや、どこにも行かへんよ。ブルーベリーの妖精やからな。ただ、玖実から見たらボクは、ただのぬいぐるみにしか見えへんようになるけどな。玖実はもう夢を叶えるために自分がなにをしたらいいか、わかってるやろ？」

ブルブルくんは、しっかりとわたしを見ながら言った。わかるようになったのは、ブルブルくんが教えてくれたからだ。急に不安な気持ちが押し寄せてくる。そんな心を読んだかのように、ブルブルくんは言葉を続ける。

「玖実には頼れる仲間、チームができたから大丈夫や！」

真っ先に色葉ちゃんや真吾の顔が浮かぶ。

「それに、おらへんようになってもボクはいつでも玖実のこと見守ってるで」

いつまでもぐずぐずしているのはわたしらしくない。

「じゃあ、明日の大会もちゃんと見ててね！」

「もちろんや！」

大会当日、最後のカレー作り

大会当日、開店前の喫茶こよみにわたしたち3人は集まっていた。

「さぁ、泣いても笑ってもこれが最後のカレー作りよ！」

エプロンをし、マスクをつけ、準備万端の状態でキッチンに入る。まずは、秘密兵器のアメ色の玉ねぎからだ。大量の玉ねぎのみじん切りをみんなで作る。包丁がまな板に当たって鳴る音が、静かな店内に広がった。

しばらく切り進めていくと、調理台に置かれたボウルには山盛りの玉ねぎができあがった。

「ここからお鍋に油を引いて、切った玉ねぎを入れて、中火でゆっくり……」

焦がさないように気をつけながら、じっくりと火を通す。玉ねぎのみじん切りが入った大鍋の底を木べらでこそぎながら、強火で水気が飛ぶまでじっくりと炒める。すると、徐々に半透明の薄く明るい褐色へと変化していく。

「色が変わってきたね」

「代わるぜ、玖実」

「頼んだわよ、真吾!」

大量の玉ねぎを炒めるのは力仕事だから、真吾と交代しながら進める。真吾は大鍋の取っ手を掴み、わたしと同じように玉ねぎを炒め始めた。

色葉ちゃんはお米を研ぎ、大きな炊飯器に白い大粒のお米と水を入れてから、じゃがいも、にんじんの皮をむき、具材用の玉ねぎと、若菜さんにもらったミニ玉ねぎ「ペコロス」を四つ切りにして、トマトも細かくしていく。

玉ねぎが目に沁みて汗と一緒に涙も伝いそうになるが、野菜を切るたびにそれぞれ特徴的な音がリズムよく鳴ってとても楽しい。切り終わった野菜類から順に別皿にょけて置く。クーラーが効いている店内だが、3人の額は汗ばんでいた。汗をぬぐいながら、それぞれの作業を進めていく。

わたしたちがアメ色玉ねぎを作っている間に、色葉ちゃんがカレーに入れる豚肉の準備に取りかかる。薄切りにした豚肉に塩コショウで下味をつけ、コンロの前に立つ。

腕まくりをし直し、大鍋に油とにんにく、しょうがを入れて炒めると、途端に香ばしい匂いが辺りを支配し始めた。視界が歪むほど熱されたフライパンに薄切りの豚肉をすべて入れて一気に焼くと、肉の脂が花火のようにバチバチと音を立てて火を通していく。

「焦がさないように気をつけないと……」

しばらくすると、小さくなってカリカリに焼かれたお肉がこちらを見上げていた。うまくいったようだ。大鍋の中の玉ねぎは、何度目かの交代でしっかりと色づいた。

「ようやく、アメ色になったね」

「いい感じね！　じゃあ、次は……」

「ほかの野菜だよね。お水は沸騰してるから、茹で始めるね」

そう言って、色葉ちゃんは、沸騰した小鍋に皮を剝いた色鮮やかなにんじんと、白くて丸い男爵いも、そして、黄色味がかったメークインを順番に入れて、ひと煮たちさせていく。

ここで、アメ色玉ねぎを炒めた大鍋に、さっき焼いた豚肉、茹でた男爵いもとにんじんを、茹でた水ごと入れて男爵いもがやわらかくなるまで煮ていく。男爵いもが崩れてきたらメークイン、ペコロスを入れて、さらに煮込む。

「いい感じだね。いまのところ順調」

「おう、もうそろそろ最終局面だぜ」

緊張のスパイス作り

色葉ちゃんと真吾が、わたしに顔を向ける。わたしは一度うなずくと、調理台に置かれた3種類のスパイスを手に取った。いよいよスパイス作りにとりかかる。

最初に用意した細切れのトマトをフライパンに入れ、潰して水分を飛ばしながらペースト状にしていく。そうして、果肉の形がなくなってきたらスパイスを入れる。

「コリアンダー、クミン、そして、ターメリックを同じ分量で……」

蘭ちゃんが教えてくれた通り、フライパンにそれぞれのスパイスを同量入れなければならない。緊張で手が震える。さっきかいた汗が、「すぅーっ」と冷えていく感覚がして、一筋背中を流れていった。少しでも分量を間違えれば、全部台無しになる。

そこまで考えたところで、「玖実ちゃん」と、わたしのエプロンが引っ張られる。はっとして振り返ると、色葉ちゃんが心配そうにわたしを見ている。わたしは考えていたことを振り払うように小さく頭を振った。

「……大丈夫」

こういうときにかぎって、嫌な考えが頭の中をグルグルと回る。心臓がうるさいくらいバクバクと音を立てていて、まわりの音が聞こえない。

「こぼさないように、慎重に……」

大きく、ゆっくり深呼吸をして、細かなスパイスをフライパンの上へ。すべて入れ終えたら、トマトペーストに混ぜながら炒めていく。

すると、コリアンダーの独特で芳醇な香りがクミンのスパイシーで強い香りによって抑えられ、トマトと合わせていくことでマイルドな仕上がりになった。

「よし！」

香りがより強くなってきたら火を止めて、具材を煮込んでいる隣の大鍋にペーストをそのまま入れる。煮立った具材にターメリックで黄金色になったペーストが渦を巻いて絡まり、溶け込んでいく。

お鍋の中でグツグツと煮込まれながら、スパイシーな、それでいてふんわりとした香りが充満する。大鍋の中から漂ってくる香りが、まるで香水みたいにわたしの体にまとわりついて離れない。妙に安心して、どっと疲れが出そうになる。緊張感からの解放で脱力しそうになるが、カレー作りはまだ終わってない。

〝Grandma〟カレーの完成

このまま大鍋の中身が焦げないように、ずっとかき混ぜる。これも力仕事なので、真吾と交代しつつ進める。

「玖実ちゃん、お肉の準備できてるよ！」

「ありがとう、色葉ちゃん！」

いよいよ最後の工程。冷蔵庫から出し、常温に戻して下味をつけたステーキ用の牛肉を色葉ちゃんが手渡してくれた。重厚感のある、赤身と脂身のバランスが絶妙な牛尾さんイチ推しのもの。それをフライパンへゆっくりとのせる。その瞬間、「ジューッ」と肉の脂が弾ける音と塩コショウの匂いが、部屋いっぱいに広がる。

ふと、フライパンから目を離すと、2人が食い入るようにこちらの様子をじっと見ていた。焼いている音と匂いだけで、手を止めてこちらを見てしまうほど、食欲がそそられるいいお肉なのだ。

「って、真吾！　手が止まってるわよ！　焦げる！」

「あ、わりぃ！　旨そうで、つい」

あたふたする真吾を見て、くすくす笑う色葉ちゃん。焼き上がった肉厚でやわらかな牛肉を崩れないようにまな板に移し、熱々のステーキに包丁を一筋入れる。

沈み込まず、やや弾力のある赤身から、湯気とともに旨味の詰まった肉汁がじわりとあふれ出てきた。ミディアムレアに仕上げたステーキの断面は薄い桃色で、わずかにレアの赤みが残った状態だ。

「……完璧！」

ちょうど、同じタイミングで《ピピーーー》と電子音が鳴る。炊飯器の音だ。色葉ちゃんが大きなふたを開けると、白い湯気が勢いよく飛び出し、遅れて炊き立てのいい匂いが鼻孔をくすぐる。その下から、半ば透き通っていて、ツヤのあるふっくらとしたご飯が顔を出した。

ひと粒ひと粒が大きく宝石のようにきらめいているのを見て、色葉ちゃんは「わぁ！」と感嘆の声をあげている。炊き立てのご飯を水に濡らしたしゃもじを使って底からさっくりと混ぜる。

順調に進んでいることへの嬉しさと色葉ちゃんの愛らしさで、わたしと真吾も思わず笑顔を浮かべた。かき混ぜ続けたカレーのルーがぐつぐつと煮立ち、混ぜ込むたびにいい匂いが漂う。炊き立てのご飯の匂いと混ざって、食欲が増していく。

「なんか、いままでで一番いい香りがするね」

「ああ……」

色葉ちゃんも真吾も、お鍋の中を覗き込み、「ごくり」と喉を鳴らす。

「うん、これはなかなか……」

「見た感じも違う気がする。さっそく味見してみようぜ！」

真吾がお皿にご飯をよそって持ってくる。お皿を受け取り、その上に、でき立てのカレーをトロ～っと回しかける。いままでで一番きらきらと輝く琥珀色《こはくいろ》のカレーが完成した。

「「いただきます！」」

ドキドキしながら、お肉とカレーのルーを一緒にすくい、口へと運ぶ。

「……っ!?」

少し厚めの牛肉を噛もうとした瞬間、とろけてなくなってしまった。焼けた肉の旨味と脂の甘味と、型崩れしていないひと口サイズのペコロスの甘味と絡み合って、舌の上で踊るようなジューシーな味を醸し出している。

そして、ルーは野菜や肉の味を壊さないようにシンプルに調合した3種類のスパイスが引き立ち、芳醇なカレーとして見事に完成していた。

「これ……」

「玖実ちゃん、やったね！」

「すげぇ、玖実、すげぇよ！」

ついに、わたしたちが作ろうとイメージした〝Ｇｒａｎｄｍａ〟カレーが完成した！

「よっしゃぁーーーー!!」

わたしはお皿を持ったままキッチンを飛び出した！

「おばあちゃん！　ちょっと、ちょっとこれ食べてみて！」

「あら、うまくいったのね。じゃあ、少しいただこうかしら」

おばあちゃんがお皿を受け取り、ひと口食べる。すると、少し驚いたような表情をして、もぐもぐもぐもぐ、ごくん、と飲み込んだ。

「驚いた……。こんなカレーがあるのね。おばあちゃん、知らなかったわ」

「ど、どうかな？」

ドキドキしながらわたしは聞いた。

「うん、すっごく、おいしいよ、玖実ちゃん。ここまでよく頑張ったね」

おばあちゃんがくしゃりと笑いながら嬉しそうに言う。その様子を見て、わたしの不安はすべて消え去り、自信を持って提供できるカレーを作ることができたと実感した。

「それにしても玖実、なんで急にスパイスの調合が完成したんだ？」

真吾が不思議そうに聞いてくる。

「それ、わたしも気になってた！」

色葉ちゃんも興味津々といった様子でわたしを見ている。

「ふふふ……それはね」

わたしはあの日のことを2人に話し始めた。

あの日の出来事

スパイスの調合がうまくいかず、思わず蘭ちゃんに泣きついてしまったあの日、蘭ちゃんはわたしにスパイスの調合をやって見せてくれた。

「コリアンダー、クミン、ターメリックのベストバランスは1対1対1。これだけ覚えて帰りなさい」

「1対1対1？」

「そうよ、どれかひとつだけが主張しすぎてはダメよ。3種類のスパイスがバランスよく入ることによって互いが調和し合って、おいしいカレーができますのよ」

そう言いながら蘭ちゃんはスパイスの調合を行う。

「個性を出すのも大事だけど、それぞれが助け合うことも重要。あなたたち3人のようにね」

「え？　それってどういうこと」

「なんでもないわ。お気になさらないで。さぁ、調合ができたわよ。最初に言ったことは覚えていて？　スパイスをものにして、カレーを完成させられるかはあなた次第ね。せいぜい頑張りなさい」

「ありがとう蘭ちゃん！　わたし、必ず完成させる。だから、蘭ちゃんも絶対に食べに来てね！」

わたしは顔をそらしてしまった蘭ちゃんにそう言って、グランメゾン錦野をあとにした。

一連のことを話し終えると2人は心底驚いているようだった。

それも無理はない。わたしがグランメゾン錦野に行っていただけじゃなく、あの蘭ちゃんがそんなアドバイスまでくれるなんて考えてもみなかっただろう。

運命の大会がスタート！

「ほらほら、おしゃべりはここまで。開店する前に最終チェックをしなきゃ！」

気合を入れ直すわたしに続いて、色葉ちゃんと真吾も食器やおしぼりなどの準備を始めた。いよいよ《〝食〟フェスタ　カレー大会》が始まる。いままでの苦労も吹っ飛ぶくらい、わたしたちの胸は高鳴っていた。

「さぁ、わたしたちカレー研究会が本物を追求した〝Ｇｒａｎｄｍａ〟カレーを食べてもらうわよ！」

そして、わたしたち星桜高校カレー研究会とグランメゾン錦野を含めた20のお店が一斉にカレーを提供し始める。夏の太陽が燦々《さんさん》と降り注ぐ中、たくさんの人が参加して大会は大盛況となった。

Column ①

スパイスの豆知識

カレーライスに50種類のスパイスを使用するのは、非常に贅沢で本格的なアプローチです。インドやスリランカの伝統的なカレーでは、家庭ごと、地域ごとに独自のガラムマサラやスパイスミックスを使うことが多く、数十種類のスパイスが調和して作られることがあります。ここでは、50種類のスパイスがどのようにカレーの風味を形成するかについて解説します。スパイスを役割別に分けると、複雑な風味を理解しやすくなります。

主役となるスパイス（香りと色の基礎）

- ターメリック（色と土っぽい風味）
- コリアンダー（甘さと柑橘系の香り）
- クミン（温かみのある香ばしい香り）

温かみや深みを加えるスパイス

- クローブ
- シナモン
- ナツメグ
- メース
- カルダモン（緑・黒）

辛味を加えるスパイス

- 唐辛子（種類を変えて：カイエン、カシミール、バードアイなど）
- ブラックペッパー
- ホワイトペッパー
- ロングペッパー

柑橘系や爽やかさを加えるスパイス

- フェヌグリーク
- アムチュール（乾燥マンゴーパウダー）
- 柚子の皮（フュージョンスタイル）
- レモングラス
- レモンピール

香ばしさやスモーキーさを加えるスパイス

- スモークパプリカ
- スターアニス
- カスリメティ（乾燥フェヌグリーク葉）
- ベイリーフ（ローリエ）

独特の風味を加えるスパイス

- フェンネル
- マスタードシード（黒・黄）
- アジョワンシード
- ヒング（アサフェティダ、少量で香りづけ）

甘さや花の香りを加えるスパイス

- サフラン
- ローズペタルパウダー
- 花椒（ほのかな甘さ）
- カカオニブ（微量で深みを）

地域性を加えるスパイス

- スマック（酸味を追加）
- ガランガル（タイやスリランカ風味）
- タマリンド（酸味）
- カレーパウダー（インドとは異なる英国スタイル）

その他（特定の風味や仕上げに使う）

- ガーリックパウダー
- オニオンパウダー
- ジンジャーパウダー
- カカオパウダー（ほのかな苦味）
- セロリシード
- アニスシード
- クバーブ

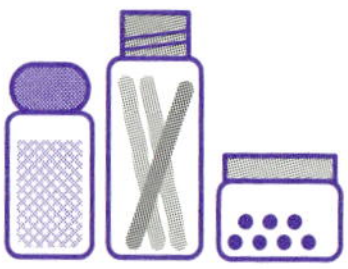

ブルブルくんの教え

- 人は同じ目標に向かって動くとき、
すごい力が出せる

- 頼れる仲間、チームがあれば
困難を乗り越えられる

- 継続した人が成功した人である

- 小さな失敗に振り回されて、
チャレンジを止めてしまうのではなく、
目標をぶらすことなく、
やり方を変えて何度もチャレンジする

カクタニ語録⑥

10年後の未来を思い描く

「自分で考えてチャレンジをして、うまくいかなかったら、逆のことを試してみる。うまくいきそうなら、その道を10年間続ける」

まさに、その通りだと思いませんか？　わたしは講演会や取材を受けたときに、ほぼ毎回「何かをやるには10年」というお話をしています。

実は、わたしが10年という時間軸を大切にしているのには、理由があります。学生のころから実年齢よりも10歳ほど年上に見られることが多く、最初は嫌な思いもしましたが、それがきっかけで、自分より10歳上の大人たちを見るようになりました。

そこから、「10年後はこうなっていたい」という10年を目安にした発想が身についていたんだと思います。少しカッコよく言えば、自分は10年先を歩んでいるという感じです。

世間には「バックキャスト」と「フォーキャスト」という言葉があります。

わたしの発想は、「過去の自分が未来をつくっている」というバックキャストではなく、「未来の自分がいまの自分をつくっている」というフォーキャストです。

経営の世界では、10年後の会社や業界・環境をイメージして、いまの経営をしていくという発想がありますが、わたしは若いころから、個人レベルでこの発想を持ち続けるようにしてきたのです。

これは、論理的または学問的に10年がどうこうという話ではなく、ある意味、直感的な発想です。左脳的というよりは右脳的なのかもしれません。10年後の自分を思い描くことで、いまの行動や考え方が変わってきます。みなさんも、一度考えてみてください。

いまから10年後の自分は、どんなふうになっていたいですか?

エピローグ

大会から5年後。

風がない真夏の夜。日が落ちたにもかかわらず、むせ返るような暑さが続いている。いつもの3人は喫茶こよみで、ゆったりとした夜を過ごしていた。


《洛央商店街〝食〟フェスタ　スイーツ大会》開催！


「へぇ、今年はスイーツ大会なんだね」

「スイーツかぁ、最近はスイーツを作れる男もモテるらしいな」

「今年はウチは出ないかな。わたし、スイーツは詳しくないしね」

「色葉ちゃんはどう？　スイーツは？」

「うーん、最近食べるより、無添加の甘味料とか、体にいいかどうかって目線で見ちゃうなー」

色葉ちゃんは高校を卒業したあと、大学に入り、「食で人を幸せにするサポートがしたい」という夢のために食品の研究を続け、大学院に進むそうだ。

「やっぱり色葉ちゃんは優しいなー。今度一緒に、体にいいスイーツしかない食べ放題行かない？」

真吾は大学でキャンパスライフを満喫し、ちゃっかり大手食品メーカーに就職が決まっている。

「どうせそのお店、学割が効くんでしょ？　ケチな男ね」

「いやいや、そ、そんなわけねぇじゃん。ケチってるわけじゃねぇから！」

そんな話をしていると、《カランコロンカラーン》とドアが開いた。

「玖実ちゃん、お久しぶりね」

「あっ、蘭ちゃん！　おかえりーっ！」

蘭ちゃんは本格的に料理の勉強をするため、フランスに留学していたのだ。その間に、見たこともないような料理の数々や、おしゃれな街の風景写真などを送ってくれて、ＳＮＳでのやりとりはずっと続けていたけど、実際に目の前に立つ蘭ちゃんは、ひと回りもふた回りも成長していて、ますます輝いて見えた。こうして久しぶりに、星桜高校カレー研究会のメンバーが揃った。

「毎年、この時期になると思い出すわね」

「あのカレー大会は、楽しかったよねぇ……」


あのあと、〝Ｇｒａｎｄｍａ〟カレーは無事完売した。わたしたち星桜高校カレー研究会はグランメゾン錦野に一票及ばず、惜しくも二位だった。

参加者が「おいしかった」と思うお店に投票するようになっていて、投票数が一番多かったお店が優勝になるわけだけど、食材にも味にもこだわり抜いたカレーができたし、わたしたちがあのとき目標にしていた、食べてくれた人たちが「おいしかった！」「ごちそうさま！」と自然と笑顔になれるカレーを作ることができたから、どんな結果でも満足だった。

表彰台に上がったわたしと蘭ちゃんは向かい合い、お互いにしっかりと目を合わせる。蘭ちゃんがいつものように不敵な笑みを浮かべ、わたしもつられて笑みを返した。

その瞬間、蘭ちゃんがすかさず手を挙げた。

「わたくしの投票権がまだ残っていますす」

司会者にそう言って、そのままわたしの腕を引く。

雨のように降る蝉の声が、参加者の声をさらに大きくし、やがて耳鳴りのようになって、乾いた風が追い風となってわたしの背中を押した。わたしは勢いよく引っ張られたせいで、蘭ちゃんに倒れこむ形で隣に立った。そして……。

「わたしがおいしいと思ったのは、星桜高校カレー研究会の〝Ｇｒａｎｄｍａ〟カレーですわ。香坂さん、あなたが立つのはここよ！」

「いやぁ～、あのときの蘭ちゃん、かっこよかった～！」

「それがきっかけで、わたしたち友だちになれたんだよね！」

当時のことを思い出し、懐かしくなる。真吾は「あ～そういえばあったな、そんなこと」なんて顔をして、色葉ちゃんは下を向いて肩を震わせている。

「そ、そんなこと、し、しし、知りませんわ……ッ」

蘭ちゃんはしどろもどろになりながら顔を赤らめる。

「あはは！　蘭ちゃんってば、可愛い～」

こらえられずにまた笑い出すと、真吾も下を向きながら声を殺して笑っていた。あとから聞いた話だが、蘭ちゃんはずっとわたしたち3人の仲が羨《うらや》ましかったのだそうだ。思ったことをなんでも言えて、ときどきけんかもするような、そんな友だちが蘭ちゃんのまわりにはいなかったから。

「新聞とかにも出て、すごかったよな」

そう、あのあと、わたしと蘭ちゃんは新聞とネットニュースに取り上げられ、少し有名になったのだ。

《洛央商店街の食フェス、過去最大の大盛況！　立役者は2人の現役女子高生!?》

そのおかげか、この商店街にも新規開店するお店が増え、少しにぎやかになった。

「あれには、おばあさまも喜んでいらっしゃったわよね」

蘭ちゃんが懐かしそうに微笑む。

おばあちゃんは、自分のお店と孫娘が新聞に載っていたことがあまりに嬉しかったのか、その新聞を何枚も買って額に入れたり、写真立てに入れたり、スクラップにしたり、お客さまに配ったりと、いろいろやっていた。

わたしは調理師専門学校を卒業したあと、喫茶こよみを継いだ。それが2年前だ。

「ねえねえ、玖実ちゃん。そういえば、あのとき書いたイメージマップって残ってる?」

「もちろん! いつもあそこに飾ってるよ!」

大会のあと、みんなで撮った写真の横に飾ってあるイメージマップを持ってくる。

「うわぁぁ! 懐かしいなー!」

色葉ちゃん、真吾、おばあちゃん、農家の人、おじさんたち、そして蘭ちゃん。いろんな人たちが協力してくれて、ワンチームで終えることができた5年前のあの日。あの夏の思い出は、わたしの一生の宝物だ。

わたしたちが作り上げた〝Grandma〟カレーは、いまでは喫茶こよみの看板メニューになった。

わたしは、おばあちゃんが大切にしていたこの店をずっと守っていく。色葉ちゃん、真吾、蘭ちゃんと、何気ない話をする午後。とても素敵な時間。とても優しい場所。このメンバーが集まると、時間が経つのを忘れてしまう。

今日もそんな感じで、蘭ちゃんがお土産に持ってきてくれたフランスワインを飲みながらまったりしていると、ドアが開き一人の女の子がお店に入ってきた。

《カランコロンカラーン》

「おっ、結月《ゆづき》ちゃん。いらっしゃ〜い。今日は遅いね」

「うん、部活で遅くなっちゃった。いつものカレーちょうだい」

そう言いながら、カウンター席に腰掛けたのは、わたしの可愛いいとこの結月ちゃん。わたしと同じ星桜高校に通っていて、ダンス部で活躍しているらしい。

いつか結月ちゃんも夢に向かって進み始めたとき、大きな悩みにぶつかることがあるかもしれない。

もし、結月ちゃんの夢に引き寄せられることがあったら、そのときはまた、笑わせて、助けてあげてね、ブルブルくん。

Column ②

「“Grandma”カレー」のレシピ

芳醇なスパイスと野菜の甘み、そして、肉の旨味が絶妙に調和した
「“Grandma”カレー」をぜひお楽しみください！
翌日はおだしでのばして、カレーうどんにも♪

材料（4〜6皿分）

メイン具材

- 玉ねぎ（みじん切り用）……中2個
  （具材用）……中1個
  （ペコロス）……6〜8個
- にんじん……中1本
- じゃがいも（男爵いも・メークイン）
  ……各中2個
- トマト……中2個
- 豚肉（ばら薄切り）……250g
- 牛肉（ステーキ用）……適量
- ごはん……適量

スパイス

- コリアンダーパウダー……大さじ1
- クミンパウダー……大さじ1
- ターメリックパウダー……大さじ1

調味料

- にんにく（みじん切り）……1かけ
- しょうが（みじん切り）……1かけ
- 塩……適量
- コショウ……適量
- サラダ油……適量

作り方

調理時間：約60分

［1］準備

＜牛肉の準備＞

ステーキ用牛肉は常温に戻し、塩コショウで下味をつけておく。

＜アメ色玉ねぎを作る＞

① みじん切りにした玉ねぎをサラダ油（大さじ1）と大鍋に入れ、中火にかける。

② 焦がさないように木べらで混ぜ続け、半透明から薄褐色になるまで炒める。

＜具材の準備＞

① にんじん、じゃがいも、玉ねぎ（具材用）、ペコロスの皮をむく。にんじん、じゃがいもは皮をむいて一口大に切る。玉ねぎは繊維にそってくし切り。ペコロスは繊維にそって4つ切り。トマトは皮をむかずに1cmの角切りにする。

② 水800mlを沸騰させた鍋でにんじん、男爵いもをやわらかくなるまで茹で、茹で汁ごと取っておく。(A)

［2］豚肉を焼く

① 豚肉に塩・コショウで下味をつける。

② サラダ油（大さじ1）をひいたフライパンでにんにく、しょうがを弱火で炒め、香りを出したら、中火で豚肉をカリッと焼く。

［3］スパイスベース

① フライパンにサラダ油（大さじ1）を熱し、トマトをペースト状になるまで炒め、水分を飛ばす。

② コリアンダー、クミン、ターメリックを加え、さらに炒めて香りを引き出す。

［4］煮込み

① 大鍋にアメ色玉ねぎ、焼いた豚肉、(A) を加え、弱火で煮込む。

② 男爵いもが崩れてきたらメークイン、ペコロスを加え、さらに10分煮込む。

③ スパイスベースを加え、全体を混ぜ合わせて、さらに10〜15分煮込む。

［5］トッピング

サラダ油（大さじ1）をひいたフライパンで、牛肉をミディアムレアに焼く。

［6］仕上げ

① 炊き立てのご飯をお気に入りの器に盛り、カレーをたっぷりとかける。

② 仕上げに食べやすくカットしたステーキをトッピングする。

おわりに

最後まで読んでいただき、ありがとうございました。

カレーが食べたくなりましたか？

カレーを作ってみたくなりましたか？

カレーは国民食として多くの人に愛されている料理で、街にある専門店それぞれにこだわりの味があるように、みなさんのご家庭にもそれぞれ「家庭のカレー」があると思います。

この本に登場する喫茶こよみの看板カレー『〝Ｇｒａｎｄｍａ（グランマ）〟カレー』はわたしが考案したレシピです。実際に、社内で実施したカレー大会で社員にふるまった際には「肉じゃがカレー」とも言われましたが、たくさんの方から「おいしい」と言っていただけました♪

この本では、「正しいカレーの作り方」を伝えたかったわけではありません。「魔法のノート」シリーズ第二弾として、「ワンチーム」の大切さを伝えたくて書きました。

個人的なことですが、この本を書く3年ほど前から強いめまいに悩まされてきました。物も二重に見え、歩くのもままならず、辛い日々でした。

手術をしてくれる医師を探しましたが、手術は難しいとの理由で断られ続けました。もうダメか……とあきらめかけた2020年12月の末、「手術をしよう」と言ってくれる医師と出逢えました！　前例が極めて少ない手術に、周囲には反対する人も多かったのですが、わたしは迷うことなく手術を受けることを決断しました。

手術後、ICUの中でうっすら目が覚めたとき、医師は「大手術だったけど、よく頑張ったね！　手術は成功したよ！　悪いところは全部やっつけたよ！」と、まるで子どもに話すように笑顔で手を握りながら声をかけてくれました。

わたしは「ありがとうございます」という言葉もちゃんと言えずに、号泣してしまいました。その手術後、ICUの中であることが思い浮かび決断しました。それは、体制の大きな変更です。

わたしが病と闘っている間、会社ではいろんなことが止まってしまっていました。何より、「社長がいないと……」という社員の姿勢に危機感を感じ、このままではよくないと思っていたからです。

「そうだ！　これからはチームでひとつの目標を達成していこう」

退院後に早速、ワンチームへの考えを一人ひとりの社員と話をしました。ワンチームに体制が変わったことで社内の雰囲気もよくなり、それぞれが目標を実現するために、頑張ってくれています。

わたしはラッキーだったと思います！　この経験から、さらに健康な生活への意識も強くなりました。

そして、この本の制作もわたしの体調に合わせてピタッと止まっていましたので、本のテーマを〝本物志向〟から〝ワンチーム〟に変更し、構成も変えました。

「魔法のノート」シリーズ第二弾として本書が完成したと同時に、第三弾のイメージももうできています。さっそく、イメージマップを作ってワンチームで進めていきます。ブルブルくん、次は海外出張だよ。

これからもラッキーなことが続く予感がしています！　みなさんも「イメージマッ

プ」で夢の叶え方を実践してみてくださいね。
「今日もいい日でありますように！」

角谷建耀知

［著者略歴］
角谷建耀知（かくたに・けんいち）
株式会社わかさ生活 代表取締役社長
兵庫県丹波市生まれ。幼少期は祖母に育てられ、野球とマンガをこよなく愛する日々を送る。社会人になってからは営業でトップセールスを何度も取り、やがて会社を創業するも、社員の売上金・持ち逃げ事件や阪神淡路大震災被災などにより2度の倒産を経験。その経験から「自分が本当にやりたいこと」を見つけ、株式会社わかさ生活を創業。ブルブルくんの生みの親。北欧が好きで、フィンランドの子どもたちに日本のことを好きになってほしいという思いから、日本のことを紹介した書籍『フィンランド語版 日本小百科事典 JAPANI』をフィンランド語で創り、フィンランドの全国の小学校、中学校、高校の図書館に寄贈している。

夢《ゆめ》を叶《かな》える思考《しこう》の地図《ちず》

2025年2月1日　初版発行

著　者　角谷建耀知

発行者　小早川幸一郎

発　行　株式会社クロスメディア・パブリッシング
〒151-0051 東京都渋谷区千駄ヶ谷4-20-3 東栄神宮外苑ビル
https://www.cm-publishing.co.jp
◎本の内容に関するお問い合わせ先：TEL(03)5413-3140／FAX(03)5413-3141

発　売　株式会社インプレス
〒101-0051 東京都千代田区神田神保町一丁目105番地
◎乱丁本・落丁本などのお問い合わせ先：FAX(03)6837-5023
service@impress.co.jp
※古書店で購入されたものについてはお取り替えできません

印刷・製本　株式会社シナノ

©2025 Kenichi Kakutani, Printed in Japan　ISBN978-4-295-41029-4　C2034